D1717829

Transit. Die Iraner in Wien
Fotografien von Christine de Grancy
Transit. Iranians in Vienna
Photographs by Christine de Grancy

Transit. Die Iraner in Wien
Fotografien von Christine de Grancy

Transit. Iranians in Vienna
Photographs by Christine de Grancy

Jüdisches
Museum
Wien

Herausgegeben von Dan Fischman
im Auftrag des Jüdischen Museums Wien
Edited by Dan Fischman
on behalf of the Jewish Museum Vienna

Transit. Die Iraner in Wien
Fotografien von Christine de Grancy

Transit. Iranians in Vienna
Photographs by Christine de Grancy

Herausgegeben von Dan Fischman im Auftrag des Jüdischen Museums Wien
Edited by Dan Fischman on behalf of the Jewish Museum Vienna

Diese Publikation erscheint anlässlich der gleichnamigen Ausstellung im Jüdischen Museum Wien, 15. April 2015 bis 20. September 2015.
This catalogue is published to accompany the exhibition of the same name at Jewish Museum Vienna, April 15, 2015 to September 20, 2015.

Jüdisches Museum Wien / Jewish Museum Vienna
Dorotheergasse 11, 1010 Wien / Vienna
www.jmw.at

Gesamtleitung / Director: Danielle Spera
Kurator / Curator: Dan Fischman
Fotografien (ausgenommen historische Fotografien) / Photographs (except historical photographs): Christine de Grancy
Grafische Gestaltung / Graphic design: Fuhrer, Wien
Übersetzung / Translation: Shawn Bryan, Nick Somers
Lektorat / Proof-reading: Heinz Javorsky, Claire Speringer
Kaufmännische Leitung / Commercial manager: Markus Roboch
Presse und Marketing / Press and marketing: Stalzer & Partner, Katharina Lischka
Ausstellungssekretariat / Exhibition secretariat: Petra Springinsfeld
Konservatorische Betreuung / Conservation management: Bettina Dräxler
Kommunikation und Vermittlung / Communication and education: Hannah Landsmann, Dan Fischman
Veranstaltungsmanagement / Event management: Verena Schrom, Ida Salamon

Für freundliche Unterstützung danken wir / We thank the following for their generous support:
American Jewish Joint Distribution Committee (Joint), Archiv der Israelitischen Kultusgemeinde Wien, Asher Ostrin, Beverly Rosen, Emily Russ,
Eva Wertheimer, Hebrew Immigrant Aid Society (HIAS), Mark Hetfield, Marlene Streeruwitz, Rabbiner Michoel Pressburger, Roya Hakakian,
Susanne Uslu-Pauer, Walter Juraschek und / and Wolfgang Wenninger

Trotz aller Bemühungen ist es uns nicht gelungen, alle Rechteinhaber ausfindig zu machen.
Wir bitten daher, sich mit dem Jüdischen Museum Wien in Verbindung zu setzen, damit die üblichen Vergütungen vorgenommen werden können.
In spite of our efforts, we have not managed to identify all holders of legal rights.
We therefore ask you to contact the Jewish Museum Vienna so that the customary royalties can be paid.

Cover: Christine de Grancy

ISBN: 978-3-99300-219-0

Printed in the EU

Inhalt / Contents

Ein Gefühl von Heimat und Geborgenheit

Danielle Spera

Die Wiener jüdische Gemeinde war und ist geprägt durch Zuwanderung aus dem Osten. Mitte des 19. Jahrhunderts strömten Tausende Jüdinnen und Juden aus Galizien in die aufstrebende Metropole und bildeten hier die drittgrößte jüdische Gemeinde in Europa. Nach der Zerstörung 1938 und der Schoa waren es direkt nach dem Zweiten Weltkrieg „Displaced Persons" – Überlebende aus den Nachbarländern bzw. früheren Teilen der Monarchie, die in Wien strandeten. Ab den späten 1970er Jahren blieben von den fast 500.000 Juden, die aus den damaligen Sowjetrepubliken über Österreich ausreisen konnten, einige in Wien hängen und fanden hier eine neue Heimat. Die Zuwanderer sorgten nicht nur für neues Leben, sie brachten auch ihre eigenen Riten, Gebräuche, Melodien, Gewänder und Speisen mit. So schufen sie nicht nur neue Inspirationsquellen, sondern befruchteten auch das Wiener jüdische Gemeindeleben.

Eine weitere Migrationsbewegung verlief fast im Verborgenen: der Transit der iranischen Juden durch Österreich nach dem Sturz von Schah Mohammad Reza Pahlavi. Nach der Islamischen Revolution 1979 und der Machtübernahme durch die schiitische Geistlichkeit in Teheran wurden Juden über geheime Wege aus dem Land geschleust. Wien blieb für fast alle von ihnen die Transitstation auf ihrem Weg in die USA oder nach Israel.

Im Iran bestehen jüdische Gemeinschaften bereits seit dem achten Jahrhundert v.d.Z. Dort befand sich eine der ältesten und bedeutendsten jüdischen Gemeinden der frühen Diaspora. Im Lauf der Jahrhunderte erlebten die Jüdinnen und Juden im Iran ein Wechselbad zwischen Wachstum, Integration und Verfolgung. Seit der Islamischen Revolution herrscht im Iran religiöser Fundamentalismus, auch vermengt mit Antizionismus und Antisemitismus. Im Angesicht der Verfolgung wählten viele Juden den Abschied aus ihrer Heimat.

Von der einst blühenden jüdischen Gemeinde ist im Iran heute nur noch ein kleiner Rest geblieben. Der Großteil der Jüdinnen und Juden hat das Land verlassen. Ihre Ausreise erfolgte wesentlich über Österreich. Betreut wurden sie hier durch jüdische Hilfsorganisationen wie das „American Jewish Joint Distribution Committee" (Joint) und die Flüchtlingsorganisation „Hebrew Immigrant Aid Society" (HIAS), Organisationen, die sich schon im späten 19. Jahrhundert der Hilfe jüdischer Flüchtlinge angenommen hatten. Das psychosoziale Zentrum der IKG, ESRA, sowie das Jüdische Berufsbildungszentrum JBBZ organisierten Englischkurse und kümmerten sich um die medizinische Betreuung der iranischen Juden auf ihrer Durchreise in Wien.

A feeling of security and home

Danielle Spera

The Vienna Jewish community has always been influenced by migrations from the East. In the mid-nineteenth century, thousands of Jews streamed from Galicia into the bourgeoning metropolis to form the third-largest Jewish community in Europe. Directly after World War II, following the destruction in 1938 and during the Shoah, displaced persons—survivors from neighboring countries and former parts of the monarchy—found themselves stranded in Vienna. And in the late 1970s, some of the 500,000 Jews who passed through Austria after leaving the former Soviet Union remained and settled in Vienna. The immigrants not only injected fresh blood into the community but also introduced their own rites, customs, tunes, clothing, and cuisine, offering new sources of inspiration and enriching communal Jewish life in the city.

Another migration wave took place almost in secret: the transit of Iranian Jews through Austria after the overthrow of Shah Mohammad Reza Pahlavi. Following the Islamic Revolution in 1979 and the power takeover by the Shiite clergy in Tehran, Jews were smuggled secretly out of the country. For almost all of them, Vienna was a transit station on their way to the USA or Israel.

Jews have lived in Iran since the eighth century BCE, where one of the oldest and most important Jewish communities of the early Diaspora was to be found. Over the centuries, the Jews in Iran have experienced the extremes of prosperity, integration, and persecution. Since the Islamic Revolution, the country has been ruled by religious fundamentalism, with overtones of anti-Zionism and anti-Semitism. To escape persecution, many Jews decided to leave their homeland.

Only small remnants remain of the once flourishing Jewish community in Iran. Most of the Jews have left the country, passing through Austria on their way. They were looked after here by Jewish aid organizations such as the American Jewish Joint Distribution Committee (Joint) and the refugee organization Hebrew Immigrant Aid Society (HIAS), which were already helping Jewish refugees in the late nineteenth century. ESRA, the Jewish community's psychosocial center, and the Jewish Vocational

Zur religiösen Anlaufstelle in Wien wurde die Synagoge in der Großen Schiffgasse 8 im zweiten Wiener Gemeindebezirk. In der sogenannten „Schiffschul" nahmen sich Rabbiner Schmuel Aharon Pressburger (1918–1993) und sein Sohn Michoel der verfolgten und vertriebenen iranischen Juden an. Sie gaben ihnen vor ihrer geplanten Weiterreise ein Gefühl von Heimat und Geborgenheit.

Durch Zufall bekam die Fotografin Christine de Grancy Zugang zu dieser versteckten Welt. Rabbiner Pressburger gestattete ihr, Stationen der iranischen Juden in seiner Synagoge zu dokumentieren. Es entstanden außergewöhnliche Einblicke in einen Kosmos, der sonst verschlossen blieb.

2012 machte mich Dr. Arlette Leupold-Löwenthal mit Christine de Grancy persönlich bekannt, deren Œuvre ich bereits seit Langem mit großer Begeisterung verfolgt hatte. Sie beschrieb mir Christine de Grancy mit folgenden Worten: „Ihr Werk ist geprägt von der Fähigkeit der Wahrnehmung winziger Details als Ausdruck ergreifender Menschenbilder. Aus der Vielfalt der Kulturen, denen sie auf ihren Weltreisen begegnete, verwebt sie Lebensfäden zu Bildern des Wesentlichen, des Gemeinsamen am Menschsein. Sie hat auch berührende Zeugnisse unseres jüdischen Lebens gemacht." Auf diesem Weg lernte ich Christine de Grancy kennen. Ihre Fotodokumentation über die iranischen Juden in Wien war bis zu diesem Zeitpunkt weitgehend unbekannt, sie zog mich unmittelbar in ihren Bann.

Es sind Fotografien vom religiösen Leben der iranischen Juden in der Wiener Schiffschul, die den meisten Betrachtern eine neue Welt erschließen. Fotos, die besonders die Nähe und Intimität offenbaren, mit der die Flüchtlinge ihrem Rabbiner begegnen und sich für seine Nächstenliebe dankbar zeigen. Es bedurfte der außergewöhnlichen Fähigkeiten von Christine de Grancy, diese Stimmung einzufangen und zu bewahren, dafür gilt in erster Linie mein Dank. Durch diese Dokumentation ist es ihr gelungen, eine Migrationsbewegung festzuhalten, die sonst keinen Widerhall gefunden hätte. Ohne den sensiblen Zugang und ihre Feinfühligkeit für die heikle Situation, in der sich sowohl die Flüchtlinge als auch ihr Hüter befanden, wäre diese Fotoserie vermutlich nicht entstanden. Herzlich bedanken möchte ich mich auch bei Kurator Dan Fischman, der sich mit unglaublichem Engagement und großer Begeisterung der Aufgabe annahm, die Fotoserie von Christine de Grancy in eine Ausstellung für das Jüdische Museum Wien umzusetzen und diesen Katalog zu gestalten. Seine Artikel schildern die Geschichte und das Leben der Juden im Iran, sie bieten aber auch Einblicke in den Zustand der Wiener jüdischen Orthodoxie sowie in die Verpflichtung der Juden zur Wohltätigkeit, einem Grundpfeiler der jüdischen Religion. Marlene Streeruwitz bin ich besonders für ihr Essay zur fotografischen Ästhetik von Christine de Grancy dankbar. Stefan Fuhrer hat die Grafik für Ausstellung, Katalog, Plakat und Folder gestaltet. Rifka Junger lieferte mir zusätzliche

Training Center (JBBZ) organized English classes and provided medical care for the Iranian Jews in transit through Vienna.

The synagogue at Grosse Schiffgasse 8 in the 2nd district was their religious meeting place. The persecuted and expelled Iranian Jews were welcomed in the Schiffschul, as it is called, by Rabbi Schmuel Aharon Pressburger (1918–1993) and his son Michoel, who offered them a feeling of security and home before their planned onward travel.

By chance, the photographer Christine de Grancy gained access to this hidden world. Rabbi Pressburger allowed her to document the life of Iranian Jews in his synagogue. The result is an extraordinary insight into a cosmos that otherwise remained invisible.

In 2012 Arlette Leupold-Löwenthal introduced me to Christine de Grancy, whose work I had long admired. She described the photographer as follows: "In her work she picks out tiny details to express vivid humanity. Out of the diverse cultures she has encountered on her global travels, she weaves the threads of life into pictures showing the essential common features of humanity. She also offers touching testimony to our Jewish life." That is how I met Christine de Grancy. Her photo documentation of the Iranian Jews in Vienna had not been

published before, and I was simply fascinated by it.

The photos of the religious life of Iranian Jews in the Schiffschul offer a glimpse of a completely new world. They reveal the intimacy with which the refugees interacted with their rabbi and showed their gratitude for his lovingkindness. I should like first of all to thank Christine de Grancy for her exceptional talents in capturing this mood. She has managed to document a migratory movement that would otherwise have been extensively ignored. Without her sensitive and sympathetic approach to the delicate situation in which the refugees and their carers found themselves, this photo series would probably not have come about. I should also like to thank the curator Dan Fischman for his incredible commitment and enthusiasm in creating this exhibition and catalogue. His articles describe the history and life of the Jews in Iran and also offer insights into the status of Viennese Jewish orthodoxy and the obligation to charity, a basic pillar of the Jewish religion. I am particularly grateful to Marlene Streeruwitz for her essay on Christine de Grancy's photographic art. Stefan Fuhrer was responsible for the graphic art in the exhibition, catalogue, poster, and folder. Rifka Junger provided me with additional background to the subject.

Hintergründe zum Thema. Bedanken darf ich mich auch bei Chefkurator Werner Hanak-Lettner, Markus Roboch, Claudia Lauppert, Astrid Peterle und Alfred Stalzer.

Christine de Grancy hat mit ihrem Werk ein Zeitdokument geschaffen, das uns nicht nur über Migration, das Eintauchen in eine neue Welt, aber auch über Humanität erzählt. Spürbar bleibt die Nähe und Zuneigung der jüdischen Migranten zu einer charismatischen Rabbinerpersönlichkeit.

„Der Rabbi saß in einem schmucklosen Zimmer an einem kleinen Tisch vor dem Fenster, das auf einen Hof hinausging und stützte die Linke auf den Tisch. Er hatte schwarzes Haar, einen kurzen, schwarzen Bart und graue Augen.

Seine Nase sprang kräftig, wie mit einem plötzlichen Entschluss, aus dem Gesicht und wurde am Ende etwas flach und breit. Die Hände des Rabbi waren dünn und knöchern und die Nägel weiß und spitz. Er fragte mit starker Stimme nach meinen Wünschen und sah mich nur einen Augenblick flüchtig an, um dann in den Hof hinauszusehen. Ich sagte, ich hätte ihn sehen wollen und von seiner Klugheit viel gehört. ,Gott ist klug!' sagte er und sah mich wieder an. Er winkte mich an den Tisch, gab mir die Hand und sagte mit dem herzlichen Ton eines alten Freundes: ‚Alles Gute!'"[1]

1 Roth, Joseph: Juden auf Wanderschaft, 3. Auflage, München 2010, S. 36–37.

I should also like to thank head curator Werner Hanak-Lettner, Markus Roboch, Claudia Lauppert, Astrid Peterle, and Alfred Stalzer.

Christine de Grancy has created a historical document that tells us not only about migration and the immersion into a new world, but also about humanity. The affection of the Jewish migrants for their charismatic rabbi is tangible.

"The rabbi sat in a plain room, at a small table in front of a window that looked out over a courtyard, with his left elbow resting on the table. He had black hair, a short black beard, and grey eyes. His nose jutted powerfully from his face, as though on a sudden impulse, widening and flattening a little at the tip. The rabbi's hands were bony and thin, and his fingers had sharp white nails. He asked in a clear voice what I had come about and cast a quick look in my direction, and then gazed out into the courtyard again. I replied that I had heard much about his wisdom and had wanted to meet him. 'God is wise!' he said, and looked at me again. He beckoned to me to come to the table, shook my hand, and with the heartfelt tone of an old friend bade me: 'Farewell!'"[1]

1 Roth, Joseph, Juden auf Wanderschaft, 3rd ed. (Munich 2010), pp. 36–37.

Transit. Die Iraner in Wien

Dan Fischman

Seit der Antike beherbergt der Iran eine kaum erfassbare Anzahl an unterschiedlichen Ethnien, Kulturen, Religionen und Sprachen. Es ist ein Land der Extreme, welches einer der ältesten und bedeutendsten judischen Diaspora-Gemeinden der Region als Heimat dient. Jüdinnen und Juden lebten und leben seit Jahrtausenden hier in einem Spannungsfeld zwischen Konflikt und Ausschluss auf der einen sowie Symbiose und Integration auf der anderen Seite. Eine aus einer europäischen bzw. europäisch-jüdischen Perspektive ferne und fremde Welt, die auf den ersten Blick nicht nur durch Tausende Kilometer, sondern auch durch scheinbar unüberwindbare kulturelle, religiöse und soziale Grenzen getrennt von unserer scheint. Doch bei genauerem Hinsehen trennt diese beiden Welten genauso viel, wie sie verbindet. In ihrem Kern sind es die Geschichten zweier Diaspora-Gemeinden, die seit Jahrhunderten sowohl unter Verfolgung, Unterdrückung und Vertreibung leiden, aber auch durch Zeiten des friedlichen Beisammenseins und der Koexistenz geprägt sind. Phänomene wie Assimilation und Akkulturation und der Kampf der Bewahrung der eigenen jüdischen Identität sind den iranisch-jüdischen Gemeinden genauso bekannt wie den europäisch-jüdischen. Dies vermag die beiden auf den ersten Blick ganz unterschiedlichen geografischen und kulturellen Räume miteinander zu verbinden.

Die Ausstellung „Transit. Die Iraner in Wien" setzt sich mit dem Aufeinanderprallen zweier unterschiedlicher Lebenswelten auseinander und bildet eine Brücke zwischen den beiden Polen. Sie beleuchtet anhand von zwischen 1991 und 1993 entstandenen Fotografien der bekannten Fotografin Christine de Grancy das Schicksal der iranischen Jüdinnen und Juden in Wien. Wie zahlreiche Jüdinnen und Juden in Dutzenden anderen Ländern und Zeiten vor ihnen beschlossen Tausende in den Jahren nach der Islamischen Revolution 1979, bedroht durch Verfolgung, Vertreibung und Unterdrückung, ihrer Heimat den Rücken zu kehren. Ähnlich wie die Ostjuden der Zwischenkriegszeit zuvor richtete sich ihr Blick in Richtung Westen. Der bekannte österreichische Schriftsteller und Journalist Joseph Roth (1894–1939) schreibt hierzu in seinem bekannten Werk „Juden auf Wanderschaft" Folgendes: „Der Ostjude sieht mit einer Sehnsucht nach dem Westen, die dieser keinesfalls verdient. Dem Ostjuden bedeutete der Westen Freiheit, die Möglichkeit, zu arbeiten und seine Talente zu entfalten, Gerechtigkeit und autonome Herrschaft des Geistes."[1]

Wie für Tausende jüdische Flüchtlinge zuvor wurden die USA auch für die jüdischen Iraner zum Ziel. Im Land der unbegrenzten

Transit. Iranians in Vienna

Dan Fischman

Since antiquity, Iran has been home to a vast number of different ethnic groups, cultures, religions, and languages. It is a land of extremes, with one of the oldest and most important Jewish Diaspora communities in the region. Jews have lived there for thousands of years in an environment of conflict and exclusion on the one hand and symbiosis and integration on the other—a world that from the Western and European Jewish perspective appears remote and foreign, thousands of kilometers away and separated from our world by seemingly insurmountable cultural, religious, and social barriers. But on closer inspection, these worlds have much in common. At their core are the stories of two Diaspora communities that have suffered for centuries from persecution, repression, and expulsion, but have also enjoyed periods of peaceful coexistence. Assimilation and acculturation and the fight to maintain a Jewish identity are familiar not only to European but also to Iranian Jewish communities, and are aspects that unite what appear at first sight to be disparate geographical and cultural regions.

The exhibition "Transit. Iranians in Vienna" looks at the collision of two seemingly different worlds and attempts to build a bridge between the two poles. It sheds light on the fate of the Iranian Jews in Vienna on the basis of photos taken by Christine de Grancy between 1991 and 1993. Like thousands of Jews in dozens of other countries, dozens of times before them, a large number of Iranian Jews, threatened by persecution, expulsion, and repression, decided in the years after the 1979 Islamic Revolution to leave their homeland. Like the Eastern European Jews between the wars, they turned their gaze westwards. The Austrian writer and journalist Joseph Roth (1894–1939) wrote in *The Wandering Jews*: "The Eastern Jew looks to the West with a longing that it really doesn't merit. To the Eastern Jew, the West signifies freedom, justice, civilization, and the possibility to work and develop his talents."[1]

Like thousands of Jewish refugees before them, the Jewish Iranians mostly set their sights on the USA, hoping there for a better life away from the repression and constant fear of anti-Semitism. But those who decided to set off on this

Möglichkeiten erhofften sich diese Verfolgten ein besseres Leben fern von Unterdrückung und der ständigen Angst vor Antisemitismus. Doch ein steiniger Pfad lag vor jenen, die beschlossen, diese Reise ins Ungewisse anzutreten. Und über keine andere Stadt als Wien, die bereits seit Jahrhunderten als Transitstation für Jüdinnen und Juden diente, führte der Weg in eine neue Heimat. Seit den beginnenden 1980er Jahren bis heute war und ist Wien ein kurzzeitiger Hafen für Tausende iranische Juden vor ihrer Weiterreise in die USA. Sie entschieden sich nicht nur, ihr altes Leben gegen ein, aus ihrer Perspektive, besseres im Exil einzutauschen, sie begaben sich auch in die Gefahr, ihre eigene Identität für eine andere, neue einzutauschen. Die Herausforderung bestand somit nicht nur darin, die neue Heimat zu erreichen, sondern auch darin, dies zu schaffen, ohne die eigene Identität völlig aufzugeben. Der bekannte ungarisch-jüdische Autor György Konrad (geb. 1933) schrieb zu diesem Prozess: „Wenn du all das verlässt, was zu dir gehört, verlässt du fast dich selbst."[2] Die Fotografien von Christine de Grancy verweisen also nicht nur auf das Schicksal der iranischen Juden in Wien, sondern vor allem auf ihren Kampf um den Erhalt ihrer eigenen jüdischen Identität fernab von ihrer Heimat, die sie hinter sich lassen mussten oder wollten.

Eine kurze Geschichte der iranischen Juden

Zahlreiche historische sowie biblische Quellen zeugen von den Anfängen der Ansiedlung von Jüdinnen und Juden im heutigen Gebiet des Iran.

Bereits seit der Antike bildeten sich hier bedeutende jüdische Diaspora-Gemeinden. Der Tanach, die hebräische Bibel, berichtet im zweiten Buch der Könige, Kapitel 17, von der Deportation von Juden aus dem Nordreich Israel durch den assyrischen König Schalmaneser im achten Jahrhundert v.d.Z., der sie in Gebieten Assyriens und Mediens und Städten des nordwestlichen Mesopotamiens ansiedelte.[3] Andere jüdische Quellen verweisen ebenfalls auf eine Verbindung zwischen den nach der Zerstörung des ersten Tempels in Jerusalem im Jahr 586 v.d.Z. durch Nebuchadnezzar II. deportierten Juden in das babylonische Reich und dem Beginn der iranisch-jüdischen Gemeinden. Im Jahr 539 v.d.Z. eroberte der Perserkönig Kyros (559–530 v.d.Z) Babylonien und begann, die alte vorbabylonische Ordnung wieder einzurichten. Er gestattete den Jüdinnen und Juden die Rückkehr nach Juda und den Wiederaufbau des Tempels. Viele von ihnen entschieden sich jedoch, aufgrund von besseren Lebensbedingungen zu bleiben. Die neu entstandenen Diaspora-Gemeinden blieben somit bestehen und bildeten die Grundlage für die iranisch-jüdischen Gemeinden der Jetztzeit.[4]

Unter persischer Herrschaft florierte das jüdische Leben. Im Vergleich zur babylonischen Herrschaft war es den jüdischen Gemeinden erlaubt, nach den Gesetzen ihrer Väter zu leben. Zahlreiche historische und biblische Quellen berichten von dieser Zeit. So beispielsweise die biblischen Bücher Daniel, Esra und Nehemia. Das bekannteste Beispiel jedoch ist die Erzählung aus dem Buch Esther, die als Grundlage für den Feiertag

journey into the unknown had a rocky road to travel, and the route to their new home inevitably passed through Vienna, for centuries a transit station for Jews. Since the early 1980s Vienna has been a temporary haven for thousands of Iranian Jews on their way to the USA. They have decided not only to exchange their old life for what they hope will be a better one in exile, but also accept the risk involved in changing their own identity. The challenge was thus not only of reaching their new home but also of completely abandoning their former identity. The Hungarian Jewish author György Konrad (born 1933) wrote of this process: "When you abandon everything that belongs to you, it's almost like abandoning yourself."[2] Christine de Grancy's photographs illustrate not only the fate of the Iranian Jews in Vienna but also their struggle to maintain their own Jewish identity far from the homeland that they have chosen, or been forced, to leave.

A brief history of the Iranian Jews

Numerous historical and biblical sources describe the early settlement of Jews in present-day Iran. Important Jewish Diaspora communities have existed there since antiquity. The Hebrew Bible (Tanakh) describes in chapter 17 of the Second Book of Kings how the Jews were expelled in the eight century BCE from the Kingdom of Israel (Samaria) by Shalmaneser, king of Assyria, and resettled in Assyria, Media, and the cities of northwestern Mesopotamia.[3] Other Jewish sources also refer to the connection between the Jews deported to the Kingdom of Babylon after the destruction of the first Temple in Jerusalem in 586 BCE by Nebuchadnezzar II and the start of the Iranian Jewish communities. The Persian king Kyros (559–530 BCE) conquered Babylon in 539 BCE and began to reinstate the old pre-Babylonian order. He permitted the Jews to return to Judea and rebuild the Temple. Many of them decided, however, to remain, as the living conditions were better. The new Diaspora communities thus stayed intact and formed the basis for the Iranian Jewish communities of the present.[4]

Jewish life flourished under Persian rule. In contrast to the Babylonian rule, the Jewish communities were allowed to live according to the laws of their fathers. Many historical and biblical sources describe this era, such as the books of Daniel, Ezra, and Nehemiah. The most famous is the story of Esther, which is celebrated in the feast of Purim (Hebrew: lots). This holiday recalls the rescue of the Jewish people from destruction in Persian exile in the fifth century BCE. The Book of Esther describes how the king's chamberlain Haman planned to murder

Purim (hebr. Pur = Los) dient. Dieser Feiertag erinnert an die Rettung des jüdischen Volkes vor der Vernichtung im persischen Exil im fünften Jahrhundert v.d.Z. Nach dem Buch Esther plante der königliche Berater Haman, die Juden an einem bestimmten Tag zu ermorden. Um diesen Tag zu ermitteln, zog er ein Los, daher der Name Purim. Die persisch-jüdische Königin Esther, Gemahlin des Königs Achaschwerosch (Xerxes I.), und ihr Cousin und Adoptivvater Mordechai bewahrten das jüdische Volk vor der tödlichen Verfolgung. Purim ist ein Fest der Freude und wird im Februar/März gefeiert. Geschenke und Süßigkeiten werden verteilt, und die Kinder verkleiden sich als Protagonisten der Geschichte. Die dreieckigen Haman-Taschen, die zu Purim gegessen werden, sind mit Mohn gefüllt und sollen an den Triumph über den Bösewicht Haman erinnern.

Die Zeit der religiösen Toleranz, des politischen, wirtschaftlichen und kulturellen Austausches schien über die Zeit im hart umkämpften Gebiet des heutigen Iran von den Eroberungsfeldzügen Alexander des Großen bis zu den vorislamischen Herrschaftsansprüchen der Parther und Sassaniden im siebten Jahrhundert anzuhalten. Mit der arabisch-islamischen Eroberung des Iran im Jahr 642 wurde die Region in das muslimische Kalifat integriert. Als direkte Folge änderte sich der rechtliche Status der Jüdinnen und Juden. Als anerkannte religiöse Minderheit erhielten sie nach islamischem Recht den Status der „Dhimmi". Sie waren nun Schutzbefohlene, mussten allerdings spezielle Steuern entrichten und unter einigen Einschränkungen leben, etwa

das Verbot des Besitzes von Land oder jenes, in der Armee zu dienen bzw. Waffen zu tragen. Im Gegenzug genossen sie einen gewissen Grad an religiöser und kultureller Autonomie, die der Administration und Politik der muslimischen Herrscher unterstand.[5]

Kultureller Austausch prägte das Zusammenleben zwischen Muslimen und Juden des heutigen Iran von der Zeit der arabisch-islamischen Expansion bis in das Mittelalter. In diese Zeit datierl auch eine der ältesten Aufzeichnungen über die Größe der jüdischen Bevölkerung des Iran. In einem Reisebericht des Benjamin von Tudela aus dem 12. Jahrhundert ist von 600.000 Jüdinnen und Juden die Rede, die in unterschiedlichen Gemeinden im gesamten Gebiet des Iran verteilt lebten. Mit der Invasion der Mongolen endete diese Zeit der Hochblüte. Dutzende jüdische Gemeinden wurden zerstört. Die Größe der iranisch-jüdischen Gemeinden schrumpfte bis zur Herrschaft der Safawiden im 16. Jahrhundert auf 100.000 Mitglieder.[6] Unter ihrer Herrschaft wurde der schiitische Islam zur Staatsreligion. Dieser Umstand wirkte sich auf die unterschiedlichen religiösen Minderheiten im Land wie Christen, Zoroastrier und Juden, die als die drei Völker des Buches im Islam bekannt sind, negativ aus und verschlechterte nach und nach ihre Situation. Dies führte zu massiver religiöser Verfolgung und Unterdrückung, die eine Isolation der iranisch-jüdischen Gemeinden vom 17. bis hin zum 19. Jahrhundert zur Folge hatte. Der Fall der safawidischen Dynastie 1722 durch die Invasion afghanisch-sunnitischer Stämme verschlechterte die

the Jews on a particular day, drawn by lots, hence the name Purim. The Persian Jewish queen Esther, wife of King Ahasuerus (Xerxes I), and her cousin and adoptive father Mordechai saved the Jewish people from destruction. Purim is a joyous festival celebrated in February/March. Presents and candies are distributed, and the children dress up as the protagonists in the story. The triangular "hamantashen" eaten at Purim are filled with poppy seeds and recall the triumph over the evil Haman.

The period of religious tolerance, political, economic and cultural exchange in the fiercely contested region of present-day Iran appears to have lasted from the triumphant campaigns of Alexander the Great to the pre-Islamic rule of the Parthians and Sassanids in the seventh century. Following the Arab Islamic conquest of Iran in 642, the region was integrated in the Muslim Caliphate. The legal status of the Jews changed as a direct consequence. As a recognized religious minority, they were granted the status under Islamic law of "dhimmi." They were a protected people, although they had to pay special taxes and accept certain restrictions: they were not allowed to own land, serve in the army, or carry weapons. In return, they had a certain degree of religious and cultural autonomy under the administrative and political rule of their Muslim sovereigns.[5]

A fruitful cultural exchange between Muslims and Jews took place in present-day Iran from the time of the Arab Islamic expansion to the Middle Ages. One of the oldest records of the number of Jews in Iran dates from this time. In the account of his travels in the twelfth century, Benjamin von Tudela relates that there were 600,000 Jews in the various communities in Iran. This golden age came to an end with the invasion of the Mongols. Dozens of Jewish communities were destroyed, and under Safavid rule in the sixteenth century the number of Jews shrank to 100,000.[6] During this time Shia Islam became the official religion. This had negative consequences for the various religious minorities in the country—Christians, Zoroastrians, and Jews, the three Peoples of the Book in Islam—and their situation deteriorated. The massive religious persecution and repression from the seventeenth to the nineteenth centuries meant that the Iranian Jewish communities were isolated. The end of the Safavid dynasty in 1722 through the invasion of Afghan Sunni tribes once again exacerbated the situation of the Jews, as the large cities in which they lived became bloody battlegrounds. There was no improvement in their situation under the Qajar dynasty in the first third of the nineteenth century. Jewish communities were subjected to discriminatory laws, often accompanied by

Situation der Jüdinnen und Juden erneut, nachdem die großen Städte, in denen sie lebten, zum Schauplatz blutiger Schlachten wurden. Zu keiner Besserung der Verhältnisse kam es ebenfalls unter der Herrschaft der Kadscharen bis in das erste Drittel des 19. Jahrhunderts. Jüdische Gemeinden wurden Opfer von diskriminierenden Gesetzen, die oftmals von antisemitischen und gewalttätigen Ausschreitungen begleitet wurden. Unter diesen Umständen begann sich der Blick der iranisch-jüdischen Gemeinden im 19. Jahrhundert nach und nach dem Westen zuzuwenden. Der Einfluss Europas, vor allem der Russlands und Englands, begann in diesen Regionen an Bedeutung zu gewinnen, was einen verstärkten Austausch zwischen iranischen und europäisch-jüdischen Gemeinden zur Folge hatte. Eine große Zahl an jüdischen Organisationen wie die World Zionist Organisation, die Anglo-Jewish Association, aber auch das American Jewish Joint Distribution Committee pflegten gute Kontakte zu den Gemeinden des Iran. Letztere sollte vor allem bei der Rettung iranischer Juden eine bedeutende und tragende Rolle einnehmen. Der immer populärer werdende Zionismus im Europa des späten 19. und beginnenden 20. Jahrhunderts fand ebenfalls seinen Platz in der iranisch-jüdischen Gesellschaft. Hunderte beschlossen, vor allem nach der Balfour-Deklaration von 1917, nach Palästina zu emigrieren.

Die immer stärker werdende Zuwendung zum Westen und die Abwendung von der islamisch-schiitischen Doktrin im 19., aber vor allem im 20. Jahrhundert änderte die Stellung und die Lebensumstände, unter denen iranische Juden lebten. Nach Jahrhunderten antisemitischer Verfolgung und Unterdrückung nahm die Geschichte der iranischen Juden im 20. Jahrhundert eine Wende.[7] Dieser Prozess wurde durch die konstitutionelle Revolution von 1906 und die politische Umgestaltung des Iran zu einer konstitutionellen Monarchie eingeleitet. Religiöse Minderheiten konnten wieder am politischen Geschehen des Landes partizipieren und hatten die Möglichkeit, Repräsentanten in das neu eingerichtete Parlament zu entsenden. Zu erneuten innenpolitischen Unruhen kam es im Rahmen des Ersten Weltkriegs. Große Teile des nördlichen Iran wurden durch Russland, der Süden durch die Engländer kontrolliert. Der Untergang des osmanischen Reichs als direkte Folge des Ersten Weltkriegs und der Erfolg der bolschewistischen Revolution 1917 hatten massive Folgen für die Region. Das westliche Interesse, vor allem jenes der Engländer im Nahen Osten, nahm zu. Das iranische Parlament protestierte gegen diesen Umstand und forderte ein Ende der britischen Einflussnahme. Genau in diese Zeit sind die Anfänge des späteren Regimes des Schah von Persien zu verorten. Nach einem gelungenen Staatsstreich im Jahr 1921 wurde der vormalige Offizier der persischen Kosakenbrigade Reza Khan zum Verteidigungsminister und Premierminister ernannt und trat seine Regentschaft als Schah von Persien im Jahr 1925 an. Die vom Schah betriebene Zentralisierung und zahlreiche durch ihn durchgesetzte Reformen leiteten einen Prozess der Trennung zwischen Politik und

violent anti-Semitic attacks. Under these unfavorable circumstances, members of the Iranian Jewish communities began gradually in the nineteenth century to look westwards. The influence of Europe, particularly Russia and Britain, grew, and there was increasing communication between Iranian and European Jewish communities. A number of Jewish organizations, like the World Zionist Organization, the Anglo-Jewish Association, and the American Jewish Joint Distribution Committee maintained good contacts with the communities in Iran. The Joint was to play an important role in the rescue of Iranian Jews. Zionism, which was to become increasingly popular in Europe in the late nineteenth and early twentieth centuries, also had its place in Iranian Jewish society. Hundreds of Iranian Jews decided to emigrate to Palestine, particularly after the Balfour Declaration in 1917.

This turning to the West and away from the Islamic Shia doctrine in the nineteenth and above all twentieth centuries altered the status and situation under which the Iranian Jews lived. After centuries of anti-Semitic persecution and repression, their history took a new turn in the twentieth century.[7] This process started with the constitutional revolution in 1906 and the political restructuring of Iran as a constitutional monarchy. Religious minorities were once again able to participate in the political life of the country and had the possibility of sending representatives to the new parliament. There were fresh political upheavals during World War I. The Russians controlled large parts of northern Iran and the British the south. The end of the Ottoman Empire as a direct consequence of World War I and the successful Bolshevist Revolution in 1917 had a huge impact on the region. Western and particularly British interest in the Middle East increased. The Iranian parliament protested against this state of affairs and demanded an end to British influence. The origins of the future regime of the Shah of Persia can be traced to this time. After a successful coup d'état in 1921, Reza Khan, a former officer in the Persian Cossack Brigade, was appointed minister of defense and prime minister. His rule as Shah of Persia began in 1925. The system of central government and the various reforms introduced by the Shah marked the start of a process of separation of politics and religion in Iran. This resulted in an improvement in the status of women and religious minorities. Towards the end of his rule during World War II, the Shah began increasingly to court Nazi Germany. His euphoria at the military success of the Third Reich and his fear of a victory by the Soviet Union and the possibility of Communism in Iran prompted the Allies to intervene. In 1941, following a military defeat, Shah Reza Khan fled to

Religion im Land ein. Dies führte zu einer Verbesserung sowohl der Stellung der Frauen als auch der religiösen Minderheiten. Gegen Ende seiner Regentschaft im Laufe des Zweiten Weltkriegs wandte sich der Schah immer mehr Nazideutschland zu. Seine Euphorie für den militärischen Erfolg des Dritten Reichs und seine Angst vor einem Sieg der Sowjetunion und dem daraus resultierenden Einzug des Kommunismus im Iran veranlasste die Alliierten zu intervenieren. 1941, nach einer militärischen Niederlage, flüchtete Schah Reza Khan ins Exil nach Johannesburg, und sein Sohn Mohammad Reza Pahlavi trat seine Nachfolge an. Er leitete einen noch nie dagewesenen Prozess der westlich orientierten Modernisierung des Landes ein, der zu einer enormen Verbesserung der religiösen, sozialen, wirtschaftlichen und politischen Situation der iranisch-jüdischen Gemeinden führte. Die daraus resultierende Integration von Jüdinnen und Juden ließ die Zentren jüdischen Lebens im Iran in Städten wie Teheran, Isfahan und Schiraz florieren und leitete eine Blütezeit iranisch-jüdischen Lebens ein, die bis zur fatalen Wende 1979, dem Jahr der Islamischen Revolution, andauern sollte.[8]

Die Revolution 1979 und ihre Folgen für die iranischen Juden

In der Zeit zwischen 1925 und 1979 erlebten die iranisch-jüdischen Gemeinden eine Ära der Hochblüte. Die Regentschaft des Schah war geprägt durch Prozesse der säkularen Modernisierung, Stabilität und den Versuch der Etablierung einer nationalen Identität nach westlichem Vorbild. Für die jüdischen Gemeinden bedeutete diese Zeit eine der beinahe kompletten religiösen und sozialen Freiheit. Auch die Gründung des Staates Israel im Jahr 1948 und die darauffolgenden Kriege mit der arabischen Welt nahmen kaum Einfluss auf die Stellung und die Situation der im Iran lebenden Jüdinnen und Juden. Die stark voranschreitende Urbanisierung des Landes und der Zuzug von Jüdinnen und Juden in die großen Metropolen führten aber auch zu einem rapiden Anstieg des Antisemitismus in den Städten. Die innenpolitischen Entwicklungen ab den 1960er Jahren in Form einer stark forcierten Zentralisierung durch den Schah und ein umfassendes Reformprogramm, bekannt als die „Weiße Revolution" von 1963, schürte oppositionelle Gedanken und polarisierte das Land. Unter der Führung von Ayatollah Khomeini gewann die Opposition immer mehr an Zuspruch. Eine starke Zuwendung zur islamischen Kultur und Religion war die Folge, und eine Forderung der Auflösung der säkularen Herrschaft des Schah wurde laut, was 1979 zur Islamischen Revolution unter der Leitung Khomeinis führte. Die Ideologie des neuen islamischen Regimes hatte direkte und fatale Folgen für die jüdischen Gemeinden des Landes. Bereits in einer vorrevolutionären Erklärung verfolgte Khomeini eine Politik, die geprägt von Antisemitismus war und eine feindliche Haltung gegen den Zionismus und Israel einnahm.[9]

Die Zeit der friedlichen Koexistenz und der Blüte war vorüber. Der Versuch der iranisch-jüdischen Gemeinden, sich mit dem neuen Regime

Johannesburg, and his son Mohammad Reza Pahlavi succeeded him. He introduced an innovative process of Westernization, which resulted in an enormous improvement in the religious, social, economic, and political situation of the Iranian Jewish communities. The integration of the Jews gave rise to important centers of Jewish life in cities like Tehran, Isfahan, and Shiraz and to a heyday of Iranian Jewish life that lasted until the Islamic Revolution in 1979.[8]

The 1979 Revolution and its consequences for the Iranian Jews

The years 1925 to 1979 were a golden age for the Iranian Jewish communities. Under the Shah, the country enjoyed a period of secular modernization and stability accompanied by an attempt to establish a national identity on the Western model. During this time the Jewish communities had almost complete religious and social freedom. The establishment of the State of Israel in 1948 and the subsequent wars with the Arab world barely affected the status and situation of the Jews living in Iran. However, the increasing urbanization and migration of Jews to the large cities also gave rise to growing anti-Semitism. The political developments in the 1960s and the centralization and reform program fostered by the Shah, known as the White Revolution of 1963, also fuelled opposition and polarized the country. Under the leadership of Ayatollah Khomeini, the opposition grew in strength. This resulted in the rise in popularity of Islamic culture and religion and a demand for an end to the secular rule of the Shah, culminating in the Islamic Revolution under Khomeini in 1979. The ideology of the new Islamic regime had direct and fatal consequences for the Jewish communities in the country. In a pre-revolutionary statement, Khomeini had already announced a political course colored by anti-Semitism and hostility to Zionism and Israel.[9]

The flourishing era of peaceful coexistence was over. The endeavors by the Iranian Jewish communities to come to terms with the new regime and gain positive capital out of it were met by an attempt by the Islamic regime to practice tolerance and recognize the religious minorities in the country. There were scant restrictions on Jewish religious life, and the Iranian Jewish communities, like other religious minorities, were represented in the new Iranian parliament. At the same time, Jews were subject to enormous social, legal, and economic restrictions in comparison with the era of the Shah. The politics of the revolutionary regime were based on religious fundamentalism with strong anti-Semitic and anti-Zionist tendencies. The Jewish

zu arrangieren und sich ihm positiv zuzuwenden, ging mit dem Versuch des islamischen Regimes einher, eine Politik der Toleranz zu verfolgen und religiöse Minderheiten im Land anzuerkennen. Das religiöse Leben von Jüdinnen und Juden erfuhr kaum Einschränkungen, und die iranisch-jüdische Gemeinde erhielt ebenso wie andere religiöse Minderheiten eine Vertretung im neuen iranischen Parlament. Jüdinnen und Juden hatten im Vergleich zur Zeit des Schah jedoch mit enormen sozialen, rechtlichen und wirtschaftlichen Einschränkungen zu kämpfen. Das revolutionäre Regime stützte seine Politik auf religiösen Fundamentalismus mit starken antisemitischen und antizionistischen Tendenzen. Die jüdischen Gemeinden standen nun vor der Wahl: verweilen und sich den neuen Umständen beugen oder das Land und damit ihre Heimat verlassen. Ihr Blick wandte sich erneut dem Westen zu. Hier hofften sie auf ein besseres Leben, fern von Unterdrückung und jeglichen religiösen, sozialen und wirtschaftlichen Einschränkungen. An diesem Punkt setzt unsere Geschichte der „Iraner in Wien" ein. Sie erzählt die Geschichte von Tausenden Jüdinnen und Juden, die beschlossen hatten, ihre Heimat im Angesicht der Gefahr von Unterdrückung, Vertreibung und Verfolgung zu verlassen und auf eine bessere und aussichtsreichere Zukunft im Land der unbegrenzten Möglichkeiten zu hoffen.

Transit durch Wien und eine neue Heimat in den USA

Der Blick der iranischen Juden in den Westen und ihr stiller Schrei nach Hilfe und Unterstützung stieß nicht auf taube Ohren in der westlich-jüdischen Welt. Bereits kurz nach dem Wechsel des Regimes begannen wichtige jüdische Hilfsorganisationen ihre Arbeit für die iranischen Juden aufzunehmen. Organisationen wie das „American Jewish Joint Distribution Committee" (Joint) und die Flüchtlingsorganisation „Hebrew Immigrant Aid Society" (HIAS) hatten sich bereits seit dem späten 19. Jahrhundert der Rettung, Unterstützung und Hilfestellung für jüdische Flüchtlinge verschrieben. Beide Organisationen steckten große Anstrengungen in die Betreuung und Unterstützung der Überlebenden der Vernichtung des europäischen Judentums durch das NS-Regime und arbeiteten aktiv gegen die restriktiven Einreisebestimmungen der USA in den Jahren nach 1945. Mit der Lockerung der Ausreisebestimmungen der Sowjetunion in den 1970er Jahren traten auch zahlreiche Juden aus zentralasiatischen Staaten wie Usbekistan, Tadschikistan und Kirgistan, aber auch aus Georgien ihre Reise in Richtung Israel an. Ihr Weg führte sie oftmals vorerst nach Wien, wo sie auf eine Weiterreise nach Israel oder in die USA hofften. Auch diese jüdischen Flüchtlinge fanden hier Unterstützung und Hilfestellung vonseiten der seit 1945 auch in Wien operierenden Hilfsorganisationen.

Mit der Verschlechterung der Lebensbedingungen iranischer Juden bedingt durch die Islamische Revolution 1979 richtete sich der Blick von Joint, HIAS und zahlreicher anderer Gruppen wie der amerikanisch-jüdischen Hilfsorganisation „Rav Tov", dem „International Rescue

communities were now faced with a choice: to stay and bow to the new circumstances, or to abandon their homeland. Once again, they turned their gaze to the West in the hope of a better life, free from repression and religious, social, and economic restrictions. It is at this point that the story of the Iranians in Vienna begins. It tells the tale of thousands of Jews who decided to leave their homeland in the face of the threat of repression, persecution, and expulsion and to seek a new life in the USA.

Transit through Vienna and a new home in the USA

The westward gaze of the Iranian Jews and their quiet cry for help and support did not fall on deaf ears in the Western Jewish world. Shortly after the new regime came to power, Jewish aid organizations began to assist Iranian Jews. Organizations like the American Jewish Joint Distribution Committee (Joint) and the refugee organization Hebrew Immigrant Aid Society (HIAS) had been rescuing, supporting, and helping Jewish refugees since the late nineteenth century. Both had made great efforts to support survivors of the extermination of European Jewry by the Nazi regime and to fight the immigration restrictions to the USA in the years after 1945. With the relaxation of emigration regulations in the

Soviet Union in the 1970s, many Jews from Central Asian states like Uzbekistan, Tajikistan, and Kyrgyzstan, and also from Georgia, set off for Israel. They often stopped in Vienna, where they hoped to be able to continue their journey to Israel or the USA. Jewish refugees in Vienna also received support and assistance from the aid organizations operating in Vienna since 1945.

As the living conditions of Iranian Jews following the 1979 Islamic Revolution deteriorated, the Joint, HIAS, and many other groups, including the American Jewish aid organization Rav Tov, the International Rescue Committee (IRC) and Caritas, turned their attention towards Iran. While HIAS, Rav Tov, and the Joint mostly took in Jewish refugees, the IRC and Caritas helped other religious minorities. In 2000 the State Department decided to place the migration process in the hands of HIAS, which now also provided help to other religiously persecuted minorities such as Christians, Zoroastrians, and Baha'i, while the Joint continued to devote itself to Jewish refugees. The two organizations worked in close cooperation and for some years even shared an office in a former apartment on Brahmsplatz in the 4th district of Vienna.

The path of migration was difficult and rocky. Apart from fear of religious repression and persecution, the refugees

Committee" (IRC) oder der Caritas auf den Iran. Während sich HIAS, Rav Tov und der Joint vorrangig der jüdischen Flüchtlinge annahmen, widmeten sich das IRC und die Caritas den anderen religiösen Minderheiten. Mit dem Jahr 2000 beschloss das State Department, die gesamten Aufgabenbereiche des Migrationsprozesses in die Hände von HIAS zu legen. HIAS widmete sich von nun an auch den anderen religiös verfolgten Minderheiten wie Christen, Zoroastriern und Bahai, während der Joint sich weiterhin nur der jüdischen Flüchtlinge annahm. Beide Organisationen arbeiteten eng zusammen und teilten sich sogar einige Jahre ein Büro in einer ehemaligen Wohnung am Brahmsplatz in 1040 Wien.

Der Weg der Migration, der seit dem Jahr 2000 in der Verantwortung von HIAS lag, war schwierig und steinig. Neben der Angst vor religiöser Unterdrückung und Verfolgung stand den Flüchtlingen eine Reise ins vorerst Ungewisse bevor. Nach Aufnahme in das Flüchtlingsprogramm erhielten sie ein sogenanntes „Transit-Visum", welches eine Ausreise aus dem Iran über Österreich unter der Bedingung der Weiterreise in die USA ermöglichte. HIAS empfing die Ankommenden in Wien-Schwechat, nahm sich der administrativen und organisatorischen Belange für die Weiterreise in die USA an, kümmerte sich um mögliche Unterkünfte und richtete sogenannte Orientierungsklassen zur Vorbereitung auf das Leben in den USA ein. Der Joint, der sich weiterhin nur der jüdischen Flüchtlinge annahm, machte sich im Rahmen seiner Hilfestellung die soziale, kulturelle und medizinische Fürsorge

zur Aufgabe, unterstützte die iranischen Juden aber auch bei der Suche nach günstigen Unterkünften. Das Programm des Joint umfasste neben der medizinischen Versorgung, die beinahe komplett durch ESRA, das psychosoziale Zentrum der jüdischen Gemeinde Wien, übernommen wurde, auch kulturelle Veranstaltungen wie etwa Ausflüge und Museumsbesuche sowie Englischklassen, die oftmals im Jüdischen Berufsbildungszentrum (JBBZ) abgehalten wurden. In den 1980er Jahren betrieb der Joint in der Hernalser Hauptstraße in 1170 Wien eine der primären Anlaufstellen für die iranischen Juden Wiens. Dieses Zentrum umfasste neben Sozialräumen und einer eigens eingerichteten Schule auch einen koscheren Supermarkt und einen Friseursalon.

Ab der Mitte der 1980er Jahre begann eine Hochzeit der Ausreise von Jüdinnen und Juden aus dem Iran. Tausende wurden über Wien in ihre zukünftige Heimat in den USA durchgeschleust. Die Aufenthaltsdauer iranisch-jüdischer Flüchtlinge belief sich in der Regel auf vier bis sieben Monate. Nach den Anschlägen auf die World Trade Center am 11. September 2001 stieg sie teilweise auf 18 Monate an.

were also embarking on a journey into the unknown. After inclusion in the refugee program, they were given a transit visa allowing them to leave Iran via Austria on the condition that they would continue to the USA. HIAS welcomed the new arrivals at Schwechat, dealt with the administrative and organizational details of their onward travel to the USA, provided accommodation, and even held cultural orientation classes to prepare them for life in the USA. The Joint, which still accepted only Jewish refugees, offered social, cultural, and medical aid and helped the Iranian Jews to find cheap accommodation. The Joint program included not only medical care, handled almost in its entirety by ESRA, the psychosocial center of the Jewish community in Vienna, but also cultural events such as excursions and visits to museums, as well as English classes, often held in the Jewish Vocational Training Center (JBBZ). In the 1980s the Joint had a welcome center for Iranian Jews in Hernalser Hauptstrasse in the 17th district with recreation rooms, a school, kosher supermarket, and hairdressing salon.

Jews started to emigrate in large numbers from Iran from the mid-1980s onwards. Thousands passed through Vienna on their way to the USA. On average they remained for four to seven months. After

the attack on the World Trade Center on September 11, 2001, the period of their stay increased in some cases to eighteen months.

Jahr	Anzahl von jüdischen Flüchtlingen aus dem Iran in die USA, betreut durch HIAS
1979	768
1980	419
1981	174
1982	148
1983	230
1984	375
1985	593
1986	789
1987	2523
1988	1610
1989	1671
1990	1076
1991	529
1992	336
1993	184
1994	278
1995	226
1996	357
1997	198
1998	261
1999	221
2000	367
2001	247
2002	338
2003	251
2004	183
2005	254
2006	194
2007	195
2008	146
2009	136
2010	89
2011	37
2012	26
2013	78
2014	82
Gesamt:	15.589[10]

Lebten 1979 schätzungsweise 85.000 bis 100.000 Jüdinnen und Juden in unterschiedlichen Städten wie Teheran, Isfahan und Schiraz, die seit Jahrhunderten den iranisch-jüdischen Gemeinden als Zentren dienten, belaufen sich heutige Schätzungen auf nur mehr 10.000 bis 20.000 im Iran lebende Juden. Zentausende, die sich für eine Flucht und für die Aussicht auf bessere Lebensumstände in den USA entschieden, verschlug es vereinzelt nach New York, aber allen voran in den Süden Kaliforniens. Schätzungen beziffern die Größe der iranisch-jüdischen Gemeinden in den USA auf beinahe 60.000 Mitglieder.[11] Die größte in Los Angeles wird liebevollerweise „Tehrangeles" genannt.

1   Roth, Joseph: Juden auf Wanderschaft, 3. Auflage, München 2010, S. 7.
2   http://www.nzz.ch/aktuell/startseite/articled295o-1.166334 (Zugriff am 30.12.2014, 11:05 Uhr)
3   Yeroushalmi, David: Light and Shadows. The Story of Iranian Jews, Tel Aviv 2012, S. 20.
4   Sarshar, Houman: Esther´s Children. A Portrait of Iranian Jews, Philadelphia 2002, S. 3.
5   Alon, Shlomo: Dhimma, Dhimmi, in: Berenbaum, Michael, Skolnik, Fred (Hrsg.): Encyclopaedia Judaica, 2nd ed., Vol. 5, Detroit 2007, S. 631–632.
6   Netzer, Ammon, Shiloah, Ammon: Iran, in: Berenbaum, Michael, Skolnik, Fred (Hrsg.): Encyclopaedia Judaica, 2nd ed., Vol. 10, Detroit 2007, S. 10.
7   Yeroushalmi, David, Tel Aviv 2012, S. 22–36.
8   Ebrami, Hooshang (Hrsg.), Levy, Habib: Comprehensive History of the Jews of Iran. The Outset of the Diaspora, California 1999, S. 473–481.
9   Yeroushalmi, David, Tel Aviv 2012, S. 87–104.
10 Statistik zur Verfügung gestellt von HIAS, Jänner 2015.
11 Yeroushalmi, David, Tel Aviv 2012, S. 87–111.

Year	Number of Jewish refugees from Iran to the USA handled by HIAS
1979	768
1980	419
1981	174
1982	148
1983	230
1984	375
1985	593
1986	789
1987	2523
1988	1610
1989	1671
1990	1076
1991	529
1992	336
1993	184
1994	278
1995	226
1996	357
1997	198
1998	261
1999	221
2000	367
2001	247
2002	338
2003	251
2004	183
2005	254
2006	194
2007	195
2008	146
2009	136
2010	89
2011	37
2012	26
2013	78
2014	82
Total:	15,589[10]

In 1979, there were an estimated 85,000 to 100,000 Jews living in cities like Tehran, Isfahan, and Shiraz, which for centuries had served as centers for the Iranian Jewish communities. According to current figures, there are now only 10,000 to 20,000 Jews in Iran. Tens of thousands who decided to leave in the hope of starting a new life in the USA made it to New York and above all to southern California. The Iranian Jewish communities in the USA now number almost 60,000 people.[11] The largest community, in Los Angeles, is nicknamed "Tehrangeles."

1   Roth, Joseph, Juden auf Wanderschaft, 3rd ed. (Munich 2010), p. 7.
2   http://www.nzz.ch/aktuell/startseite/articled295o-1.166334 (consulted on December 30, 2014, 11:05)
3   Yeroushalmi, David, Light and Shadows: The Story of Iranian Jews (Tel Aviv 2012), p. 20.
4   Sarshar, Houman, Esther's Children: A Portrait of Iranian Jews (Philadelphia 2002), p. 3.
5   Alon, Shlomo, "Dhimma, Dhimmi," in: Berenbaum, Michael, Skolnik, Fred (eds.), Encyclopaedia Judaica, 2nd ed., vol. 5 (Detroit 2007), pp. 631–32.
6   Netzer, Ammon, Shiloah, Ammon, "Iran," in: Berenbaum, Michael, Skolnik, Fred (eds.), Encyclopaedia Judaica, 2nd ed., vol. 10 (Detroit 2007), p. 10.
7   Yeroushalmi, David (Tel Aviv 2012), pp. 22–36.
8   Ebrami, Hooshang (ed.), Levy, Habib, Comprehensive History of the Jews of Iran: The Outset of the Diaspora (California 1999), pp. 473–81.
9   Yeroushalmi, David (Tel Aviv 2012), pp. 87–104.
10 Statistics provided by HIAS, January 2015.
11 Yeroushalmi, David (Tel Aviv 2012), pp. 87–111.

Die „Schiffschul" als Ort der Wohltätigkeit

Dan Fischman

Die Geschichte der iranischen Juden in Wien ist eine, die von Verlust und Hoffnung seitens der Geflohenen und Aufopferung, Wohltätigkeit und Akten der Nächstenliebe derer, die sich bereit erklärten zu helfen, handelt. Die zwischen 1991 und 1993 in der bekannten „Schiffschul", einer orthodoxen Synagoge in der Großen Schiffgasse 8 in 1020 Wien, entstandenen Fotografien von Christine de Grancy verweisen auf das Schicksal der iranischen Juden hier in Wien, stellen aber auch zwei wichtige Protagonisten im Kontext der Errettung dieser Verfolgten und Vertriebenen vor. Die Rabbiner Schmuel Aharon und sein Sohn Michoel Pressburger hatten es sich seit den frühen 1980er Jahren zur Lebensaufgabe gemacht, diesen kurzzeitig in Wien gestrandeten iranischen Juden ein Gefühl von Geborgenheit und Heimat zu geben. Das Bethaus in der Großen Schiffgasse, bekannt als die historische „Schiffschul", wurde ihr Hafen und ein Ort des Ausdrucks dieses selbstlosen Akts der Nächstenliebe. Die Ausstellung „Transit. Die Iraner in Wien" erzählt somit nicht nur die Geschichte der iranischen Juden in Wien und berichtet von der Arbeit der beiden Rabbiner Pressburger, sondern verweist auf eindrucksvolle Weise auf eines der ältesten und in der jüdischen Religion tief verankerten Prinzipien.

Die Zedaka (hebr. Wohltätigkeit) ist Ausdruck sowohl der inneren als auch äußeren Verbundenheit zwischen Jüdinnen und Juden auf der ganzen Welt. Bereits in der Mischna, der mündlichen Überlieferung des Judentums, heißt es hierzu: „Drei Dinge sind es, auf denen die Welt beruht: Die Lehre, der Gottesdienst, die Werke der Nächstenliebe." (Mischna Avot 1,2)

Die hier genannten „drei Dinge" eröffnen ein Grundkonzept jüdischen Gemeindelebens. Die Akte der Wohltätigkeit und der Nächstenliebe als Aspekt des sozialen Zusammenseins innerhalb einer jüdischen Gemeinde fanden in der Arbeit der Rabbiner Pressburger ihren Ausdruck und vermochten es, die auf den ersten Blick unüberwindbaren geografischen, sozialen und religiösen Grenzen zwischen der Wiener jüdischen und iranischen jüdischen Gemeinde zu überwinden. Denn egal ob die Hilfe von den zahlreichen internationalen jüdischen und nicht jüdischen Hilfsorganisationen oder vonseiten privater Personen und Initiativen wie die der Rabbiner Pressburger kam, stellt der Aspekt der Zedaka den kleinsten gemeinsamen Nenner dar und wird auf diesem Weg zum ständigen Wegbegleiter unserer Erzählung.

Am Beginn dieser steht ein Objekt aus der Sammlung der Israelitischen Kultusgemeinde, welches im Rahmen der Dauerausstellung des Jüdischen Museums Wien gezeigt wird. Es handelt sich um eine Spendenschale der historischen

The Schiffschul as center of charity

Dan Fischman

The history of the Iranian Jews is one of loss and hope on the part of the refugees, and of sacrifice, aid, and charity by those who helped them. The photographs taken between 1991 and 1993 by Christine de Grancy in the Schiffschul, an orthodox synagogue at Grosse Schiffgasse 8 in the 2nd district of Vienna, illustrate the fate of the Iranian Jews in Vienna and also portray two important protagonists involved in the rescue of the refugees. Rabbi Schmuel Aharon and his son Michoel Pressburger devoted themselves from the early 1980s to offering the Iranian Jews stranded temporarily in Vienna a feeling of home and security. The prayer

Spendenschale für arme
Bräute aus der Schiffschul
Wien, 1919
Slg. IKG, Inv. Nr. 12342
Donation bowl for poor brides
from the Schiffschul
Vienna, 1919
IKG collection, inv. no. 12342

Schiffschul aus der ersten Hälfte des 20. Jahrhunderts. Als materieller Ausdruck der Wohltätigkeit und Nächstenliebe verbindet dieses Objekt den historischen Ort der Schiffschul und seine Geschichte vor 1938 mit der Rettung iranischer Juden und der Arbeit der Rabbiner Pressburger. Die in der Ausstellung gezeigten Fotografien von Christine de Grancy werden auf diesem Weg Teil eines größeren Narrativs Wiener jüdischer Kulturgeschichte und lassen auf intime und eindrucksvolle Weise in die Lebenswelt der „Iraner in Wien" eintauchen.

Die Wiener „Schiffschul"

Die Anfänge der Wiener Schiffschul, der Synagoge in der Großen Schiffgasse 8 in 1020 Wien, sind bereits in die Mitte des 19. Jahrhunderts zurückzudatieren. Nach der Revolution 1848 migrierten Tausende Jüdinnen und Juden aus Galizien, Ungarn, Mähren und der Slowakei nach Wien. Sie waren es, die den Kern der Orthodoxie der Wiener jüdischen Gemeinde bildeten. Sie sahen sich selbst als Gegenpol zu den aus ihrer Sicht von Assimilation und Reformismus geprägten Vertretern der 1852 gegründeten Israelitischen Kultusgemeinde. Ihre Synagogen in der Schönlatern- und Sterngasse im ersten Wiener Gemeindebezirk und die bereits im Winter 1848 gegründete „Ankerschul" in der Ankergasse, der heutigen Hollandstraße in 1020 Wien, galten als Zentren der Wiener Orthodoxie.[1] Die Räumlichkeiten der Ankerschul wurden schon bald zu klein für die immer stärker wachsende orthodoxe Gemeinde. Die Errichtung eines neueren und moderneren Gebetshauses im Hof des Grundstücks in der Großen Schiffgasse 8–10 wurde mit der offiziellen Einweihung der Schiffschul am 16. September 1864 realisiert. Auf Initiative des Vorstandes der Ankerschul Ignaz Deutsch wurde bereits 1853 Rabbiner Salomon Spitzer (1826–1893), der später wahrscheinlich bedeutendste Vertreter der Orthodoxie seiner Zeit, nach Wien berufen. Bis 1872 wirkte er als Rabbiner sowohl in der Ankerschul und nach der Übersiedlung auch in der Schiffschul. Mit ihm fand die Orthodoxie ihren wichtigsten Wortführer im Kampf gegen die Israelitische Kultusgemeinde. Die von dieser betriebenen Reformierungsversuche, beispielsweise in Form einer Anpassung der Gebetsordnung, stießen auf Unverständnis und Widerstand vonseiten der Orthodoxie, die eine Abspaltung von der Einheitsgemeinde forderte. Den Höhepunkt dieses Konfliktes stellte ein 1872 von Rabbiner Spitzer herausgegebenes Gutachten dar, in dem er den Austritt der orthodoxen Juden aus der Kultusgemeinde ankündigte. Die Spaltung der jungen Einheitsgemeinde konnte aber durch das Einlenken beider Seiten und einen Kompromiss, der zwischen den Reformern und den Orthodoxen geschlossen wurde, abgewendet werden.

Abseits dieses Konflikts verfolgte der Dachverband der Schiffschul, die „Adas Jisroel", nach und nach die Bestrebungen, ihr Tätigkeitsfeld zu erweitern und sich als Kehilla (hebr. Gemeinde) für die orthodoxen Juden Wiens zu etablieren. „Die ständig anhaltende Entwicklung der Schiffschul und die Konstituierung ihrer Institutionen

house in Grosse Schiffgasse became a haven and symbol of selfless charity. The exhibition "Transit. Iranians in Vienna" thus tells the story not only of the Iranian Jews in Vienna but also of the work of the rabbis Pressburger and illustrates one of the oldest principles of the Jewish religion.

Tzedakah (Hebrew: charity) expresses the solidarity among Jews throughout the world. The Mishna, which contains the oral traditions of Judaism, says on the subject: "On three things the world is sustained: on the Torah, on the (Temple) service, and on deeds of loving-kindness." (Mishna Avot 1,2)

The three things mentioned here form the basis for Jewish community life. The work of the rabbis Pressburger embody acts of loving-kindness and charity, typically seen as an aspect of living together within the Jewish community. They made it possible for them to overcome the seemingly insurmountable geographical, social, and religious barriers between the Viennese and Iranian Jewish communities. Regardless of whether the help came from the various Jewish and non-Jewish international organizations or from private individuals and initiatives like that of the rabbis Pressburger, it all reflected the principle of tzedakah, which will be our constant companion in this narration.

At the start of this narrative is an object from the Jewish Community collection shown in the Jewish Museum Vienna's permanent exhibition. It is a donation bowl from the old Schiffschul dating from the first half of the twentieth century. As a material illustration of loving-kindness and charity it creates a link between the old Schiffschul and its history before 1938 and the rescue of Iranian Jews and the work of the rabbis Pressburger. In this way, the photographs by Christine de Grancy become part of a larger narrative about Vienna's Jewish history and give an intimate and striking insight into the world of the Iranians in Vienna.

The Schiffschul

The Schiffschul at Grosse Schiffgasse 8 in the 2nd district dates back to the mid-nineteenth century. After the 1848 revolution, thousands of Jews arrived in Vienna from Galicia, Hungary, Moravia, and Slovakia. They were to form the core of the orthodox branch of the Vienna Jewish community. They saw themselves as the antithesis of those representatives of the Jewish community founded in 1852 who advocated assimilation and reform. Their synagogues in Schönlaterngasse and Sterngasse in the 1st district and the Ankerschul in Ankergasse, founded in winter 1848, were regarded as centers of Viennese orthodoxy.[1] The Ankerschul premises soon became too small for the

Außenansicht der Schiffschul
Wien, 1. Hälfte 20. Jhdt.
Slg. Berger, Inv. Nr. 8156
View of the Schiffschul from the outside
Vienna, 1st half of the 20th century
Berger collection, inv. no. 8156

Innenansicht der Schiffschul
Wien, 1. Hälfte 20. Jhdt.
Slg. Stern, Inv. Nr. 14241
Inside of the Schiffschul
Vienna, 1st half of the 20th century
Stern collection, inv. no. 14241

Die brennende Schiffschul am
10. November 1938
Slg. JMW, Inv. Nr. 15454
The burning Schiffschul on November 10, 1938
JMW collection, inv. no. 15454

ist darauf zurückzuführen, daß ihre Anhänger in der Schiffschul nicht nur eine gelegentliche Gebetsmöglichkeit sahen, sondern in ihr eine ‚religiös sittliche Heimat' fanden. Obwohl aus den verschiedensten Ländern stammend, entwickelte sich innerhalb der Kehilla ein starkes Zusammengehörigkeitsgefühl."[2]

Zu den Institutionen der Schiffschul zählten neben der Synagoge auch die bereits 1854 gegründete Talmud-Tora-Schule, eine koschere Fleischbank, eine Mazzot-Bäckerei, eine Religionsschule, eine Volks- und Mittelstandsküche, ein Frauenhilfsverein, ein Krankenhausverein für die Versorgung von jüdischen Patienten mit kosheren Mahlzeiten sowie der Wohltätigkeitsverein „Tomech Ewjomim", der Arme und Kranke am Schabbat und zu den Feiertagen mit Essen versorgte.

Das in einem Hinterhof situierte Gebetshaus wurde schon bald zu klein und konnte 1892, nachdem das Schiffschulkomitee das Grundstück erwarb, nach Plänen des Baurats Wilhelm Stiassny erweitert werden. Im Rahmen der Umbauarbeiten wurde der Vordertrakt in ein dreistöckiges Gebäude umgewandelt. 1925 erfolgten weitere Renovierungen, die sich hauptsächlich

growing orthodox community. The new and more modern prayer house in the courtyard of Grosse Schiffgasse 8–10 was officially opened on September 16, 1864. Rabbi Salomon Spitzer (1826–1893), who was to become one of the most important representatives of orthodoxy in Vienna, was invited to Vienna by Ignaz Deutsch, director of the Ankerschul, in 1853. He remained as rabbi of the Ankerschul and then of the Schiffschul as well until 1872. During this time he was the most vociferous supporter of orthodoxy in opposition to the official Jewish community. The latter's suggested reforms, including an adaptation of the prayer liturgy, were met with incomprehension and resistance by the orthodox Jewry, who thus wanted to break away from the unified community. The conflict culminated in an opinion issued by the rabbi in 1872, in which he announced the secession of the orthodox Jews from the official community. The proposed split in the young unified community was prevented through interventions on both sides and a compromise between the reformers and the orthodox community.

Aside from this conflict, Adas Yisroel, the governing body of the Schiffschul, endeavored to expand its activities and to establish itself as the kehillah (Hebrew: community) for the orthodox Jews of Vienna. "The Schiffschul was able to develop and establish its institutions thanks to the fact that its supporters saw it not just as a place to pray but also as a religious and moral home. Although its members came from different countries, they had a strong sense of solidarity within the kehillah."[2]

The Schiffschul institutions included not only the synagogue but also the Talmud Torah school founded in 1854, a kosher butcher, matzo bakery, religious school, soup kitchen, women's aid society, hospital association to provide Jewish patients with kosher meals, and the Tomekh Evyomim welfare association providing meals for the sick and poor on Shabbat and Jewish holidays.

The prayer house in the rear courtyard soon proved to be too small, and it was enlarged in 1892 according to a design by building councilor Wilhelm Stiassny after the Schiffschul committee had acquired the land. The front tract was transformed into a three-story building. Additional renovations to the building interior were carried out in 1925. At this time the Schiffschul had around 500 seats for men and 250 for women.[3]

The center of Jewish orthodoxy, which had existed since 1864, was destroyed on November 10, 1938. The synagogue building in the rear courtyard was set on fire at 11.16 a.m. and burnt to the ground. The building at the front with

auf das Gebäudeinnere beschränkten. Die Schiffschul bot zu diesem Zeitpunkt Platz für etwa 500 Männer und 250 Frauen.[3]

Das sich seit dem Jahr 1864 etablierte Zentrum der Wiener Orthodoxie fand sein gewaltsames Ende am 10. November 1938. Das Synagogengebäude im Hinterhof war um 11 Uhr 16 Minuten komplett niedergebrannt. Das Vorhaus mit dem Gebetsraum im 1. Stock blieb erhalten. Hier befand sich in den Jahren zwischen 1938 und 1945 eine Uniformfabrik, der restliche Teil des Gebäudes wurde für Wohnzwecke genutzt. Kurz vor Ende des Krieges erlitt das Haus in der Großen Schiffgasse 10 schwere Schäden durch einen Bombenangriff und wurde in späterer Folge vollständig abgerissen und nie wieder aufgebaut.

Bereits kurz nach Ende des Krieges wurde der Dachverband der Schiffschul, die „Adas Jisroel", wiedergegründet, und es wurden größte Anstrengungen unternommen, den Raum im 1. Stock der Großen Schiffgasse 8 als Synagoge wieder zu etablieren. Im Oktober 1946 wurde der Gebetsraum renoviert und provisorisch eingerichtet.[4] Der erste Rabbiner der Schiffschul nach 1945 war Alter Simche, der in den Wochen und Monaten unmittelbar nach der Befreiung eine kleine Gebetsstube in der Malzgasse 7 in 1020 Wien betrieb und nach Wiedereröffnung der Schiffschul bis zu seinem Tod 1949 ihr Vorstand war. Zahlreiche bekannte Rabbiner wirkten seither in diesem geschichtsträchtigen Gebetshaus, unter ihnen auch die bereits erwähnten Rabbiner Schmuel Aharon und sein Sohn und Nachfolger Michoel Pressburger.

Die Schiffschul, die bereits in der Zeit ihrer Gründung 1864 bis 1938 ein Zentrum der Orthodoxie und Ort gelebter Wohltätigkeit und Nächstenliebe war, konnte nach 1945 wieder an diese seit mehr als einem Jahrhundert gepflegte Tradition anschließen. Das Gebäude umfasst heute zwei Synagogen. Eine im Erdgeschoß unter der Leitung von Rabbiner Israel Abraham Schwartz und die zweite unter der Leitung von Michoel Pressburger. Letztere dient seit mehr als 30 Jahren iranischen Juden als primäre Anlaufstelle und Ort der Zuflucht auf ihrem Transit durch Wien.[5]

Schmuel und Michoel Pressburger – die Geschichte einer Rabbinerfamilie

Rabbiner Schmuel Aharon Pressburger entstammte einer berühmten Rabbinerfamilie, die seit mehr als 26 Generationen zahlreiche rabbinische Gelehrte hervorbrachte. 1918 in Mattersburg, einer der sogenannten „Schewa Kehillot" (hebr. Sieben heilige Gemeinden) im Burgenland, geboren, studierte er an der Jeschiwa, einer jüdischen Hochschule, die sich hauptsächlich dem Tora- und Talmudstudium widmet, seines Vaters, des berühmten Rabbiners Aharon Pressburger. Während der Schoa durchlief Schmuel Pressburger mehrere Arbeitslager. Ihm gelang jedoch die Flucht und er schloss sich dem Widerstand gegen die Nationalsozialisten an. Die letzten Jahre des Krieges verbrachte er in einem Versteck in Budapest, wo er eng mit Raoul Wallenberg (1912–1947) zusammenarbeitete. Wallenberg, ein schwedischer Diplomat, setzte sich hier

the prayer room on the first floor survived. It was transformed from 1938 to 1945 into a uniform factory, while the rest of the building was used as housing. Shortly before the end of the War the building at Grosse Schiffgasse 10 was severely damaged in an air raid and was subsequently demolished, never to be rebuilt.

Adas Yisroel, the governing body of the Schiffschul, was re-formed shortly after the War, and great efforts were made to recover the room on the first floor of Schiffgasse 8 for use as a synagogue. In October 1946 the prayer room was refurbished and provisionally furnished.[4] The first rabbi of the Schiffschul after 1945 was Alter Simche, who had run a small prayer room at Malzgasse 7 in the 2nd district in the weeks and months immediately after the liberation of the city and was president of the shul until his death in 1949. Many renowned rabbis have been associated since then with this historical prayer house, including Rabbi Schmuel Aharon and his son and successor Michoel Pressburger.

The Schiffschul, which from its foundation in 1864 until 1938 was a center of orthodoxy where loving-kindness and charity were put into practice, was able to resume this century-old tradition after 1945. Today the building contains two synagogues, one on the ground floor

under the direction of Rabbi Israel Abraham Schwartz, and the second led by Michoel Pressburger, which for over thirty years has served as an initial contact point and refuge for Iranian Jews in transit in Vienna.[5]

Schmuel and Michoel Pressburger— the story of a rabbi family

Rabbi Schmuel Aharon Pressburger came from a renowned family of rabbis that has produced many rabbinical scholars over the past twenty-six or more generations. He was born in 1918 in Mattersburg, one of the Sheva Kehillot (seven holy communities) in Burgenland, and studied at the yeshiva, a Jewish secondary school devoted primarily to study of the Torah and Talmud, directed by his father, Rabbi Aharon Pressburger. During the Shoah, Schmuel Pressburger was interned in several labor camps but he managed to escape and join the resistance against the Nazis. He spent the last years of the war in hiding in Budapest, where he worked closely with Raoul Wallenberg (1912– 1947). Wallenberg, a Swedish diplomat, helped rescue Hungarian Jews. By issuing them with Swedish laissez-passer, which showed them to be Swedish citizens, he saved the lives of tens of thousands of Jews. Pressburger lost practically his entire family in the Shoah. His parents, brothers and sisters, and their children

aktiv für die Rettung der ungarischen Juden ein. Indem er schwedische Schutzpässe, die deren Träger als schwedische Staatsbürger auswiesen, ausstellte, rettete er Zehntausenden Jüdinnen und Juden das Leben. Pressburger verlor beinahe seine gesamte Familie in der Schoa. Seine Eltern, Geschwister und deren Kinder wurden ermordet. Der Rest der Familie wurde 1945 in Budapest durch die Alliierten befreit.

Nach Ende des Krieges wurde Schmuel Pressburger Oberrabbiner der jüdischen Gemeinde Bonyhád im Süden Ungarns und wirkte kurz darauf als Rabbiner in Budapest. In den 1950er Jahren migrierte die Familie nach Wien. Hier betrieb Schmuel Pressburger kurzzeitig eine Betstube in der Herminengasse im zweiten Wiener Gemeindebezirk, danach stand er bis zu seinem Tod 1993 der Schiffschul in der Großen Schiffgasse 8 vor. Ab den frühen 1980er Jahren begann er, sich den iranisch-jüdischen Flüchtlingen in Wien anzunehmen. Er widmete sein Lebenswerk der Hilfe für andere, ohne jemals die Anerkennung für seinen Einsatz gesucht zu haben. Diese Arbeit wird durch seinen in Wien geborenen Sohn und Nachfolger Michoel Pressburger bis zum heutigen Tag weitergeführt. In einem Nachruf in der Zeitschrift „Die Gemeinde" aus dem Jahr 1993 lässt sich Folgendes über die Arbeit und das Wirken von Schmuel Pressburger lesen:

„Später ging er als Rabbiner nach Budapest, und danach war er Oberrabbiner der berühmten ‚Schiffschul' in Wien. Hier versorgte er viele Tausende Flüchtlinge materiell, die er auch seelisch betreute. Viele völlig verzweifelte Menschen konnten durch Schmuel Pressburgers einzigartige Ausstrahlung und Persönlichkeit wieder zu sich selber finden und Hoffnung schöpfen. Galt es Armen zu helfen, so tat dies Rav Pressburger stets spontan und aus ganzem Herzen. Sein Antlitz strahlte, als wäre er ein Engel, so daß sich sogar seine nicht-jüdische Umgebung von seiner Persönlichkeit unwiderstehlich angezogen fühlte, und manche vertrauten ihre Streitfälle Rav Pressburger an, da sie dem Gerechtigkeitssinn dieses Mannes vollen Glauben schenkten. Sein Segen (Bracha) half vielen Menschen bei ihren Problemen."[6]

„Helfen war sein Blut" – die Rolle der Rabbiner Pressburger bei der Rettung iranischer Juden

Die Islamische Revolution 1979, die damit einhergehende Verschlechterung der Lebensumstände für iranische Jüdinnen und Juden und die darauffolgenden Bemühungen zahlreicher internationaler jüdischer und nicht jüdischer Hilfsorganisationen ließen in den frühen 1980er Jahren die Präsenz iranisch-jüdischer Flüchtlinge in Wien rapide ansteigen. Ein Prozess, der die Aufmerksamkeit von Michoel Pressburger, Sohn des damaligen Rabbiners der Schiffschul, Schmuel Pressburger, erregte. In einem Interview mit der jüdischen Kulturzeitschrift „David" aus dem Jahr 1989 berichtet Michoel Pressburger Folgendes über den Beginn seines Einsatzes für die iranisch-jüdischen Flüchtlinge in Wien:

„Vor 7 Jahren war ich zu Rosch ha-Schana in Wien zu Besuch und sah eine Menge iranische Jugendliche ohne Betreuung, sich selbst

were all murdered. The remnants of the family were liberated by the Allies in Budapest in 1945.

Shortly after the end of the War, Schmuel Pressburger became chief rabbi of the Jewish community in Bonyhád in the south of Hungary and then rabbi in Budapest. In the 1950s his family moved to Vienna, where he directed a prayer room in Herminengasse in the 2nd district before moving to the Schiffschul at Grosse Schiffgasse 8, where he remained until his death in 1993. In the early 1980s he began to take in Iranian Jewish refugees. He devoted himself to helping others, without ever receiving recognition for his work, which has been continued to the present day by his Vienna-born son and successor Michoel Pressburger. The obituary in the magazine *Die Gemeinde* in 1993 says the following about the life and work of Schmuel Pressburger:

"He later worked as a rabbi in Budapest before becoming chief rabbi at the renowned Schiffschul in Vienna. During this time he provided material and spiritual assistance to thousands of refugees. Many completely desperate people were able to find the way back to themselves and regain hope thanks to his unique manner and personality. Rav Pressburger always helped the poor spontaneously and wholeheartedly. His face beamed, as if he were an angel, so that even non-Jews were irresistibly attracted to his personality, and some asked for his assistance in settling their disputes, so convinced were they of his sense of justice. His blessing (bracha) helped many people with their problems."[6]

"Helping was in his blood"—the role of Rabbi Pressburger in the rescue of Iranian Jews

The situation of Iranian Jews took a turn for the worse after the Islamic Revolution in 1979. Through the efforts of numerous Jewish and non-Jewish international aid organizations in the early 1980s, the number of Iranian Jewish refugees in Vienna rose rapidly. This attracted the attention of Michoel Pressburger, son of the Schiffschul rabbi Schmuel Pressburger. In an interview with the Jewish cultural magazine *David* in 1989, Michoel Pressburger spoke of his assistance to the Iranian Jewish refugees in Vienna:

"Seven years ago I paid a visit to Vienna for Rosh Hashanah and I saw a group of unsupervised young Iranians, left to their own devices and wandering round without anyone taking an interest in them. I told my father, Chief Rabbi Schmuel Pressburger, that I had decided not to return to the USA because I wanted to see what I could do to help

überlassen, frei umherlaufend, niemand war interessiert an ihnen. Ich teilte meinem Vater, dem Oberrabbiner Schmuel Pressburger, mit, daß ich nicht mehr in die USA zurückkehren werde, da ich es mir zur Aufgabe machen möchte, diese Menschen zu betreuen. Jemand muß sich um diese Menschen kümmern, damit sie nicht verwahrlosen und eine Stütze haben, wenn sie nach Amerika kommen. Und so gründete ich eine Jeschiwa für diese jungen Leute."[7]

1983 gründete Michoel Pressburger eine eigene Hilfsorganisation mit dem Namen „IJRescue", die er teilweise aus eigener Tasche und mit großzügigen Spenden privater Personen finanzierte. Gemeinsam mit seinem Vater begann er, sich der aus ihrer Sicht verlorenen Seelen anzunehmen.[8] Sie kümmerten sich um das Nötigste, stellten Wohnungen, Nahrungsmittel und Kleidung zur Verfügung. Viel wichtiger erschien ihnen jedoch die religiöse und soziale Fürsorge für ihre Schutzbefohlenen. Die Schiffschul, die bereits seit mehr als einem Jahrhundert als Hort der Wohltätigkeit diente, wurde zur primären Anlaufstelle für diese hier Gestrandeten. Den ganzen Tag über wurde Programm angeboten. Vom Morgengottesdienst bis spät in die Nacht verbrachten Dutzende und manchmal sogar Hunderte iranisch-jüdische Flüchtlinge ihre Zeit unter der fürsorglichen Obhut der Rabbiner Pressburger. Die Abhaltung von Gottesdiensten stand ebenso auf der Tagesordnung wie Englischunterricht zur Vorbereitung auf ihr weiteres Leben in den USA. Dreimal täglich wurden selbstgekochte Mahlzeiten zur Verfügung gestellt und zu den jüdischen

Feiertagen strömten Hunderte in das Gebäude in der Großen Schiffgasse 8. Gemeinsame Feste wurden gefeiert, es wurde getanzt, musiziert, gelernt und gemeinsam gegessen. Für eine kurze Zeit konnte man die Strapazen und Beschwerlichkeiten vergessen; so beschreibt die 1975 in Teheran geborene und später in den USA bekannt gewordene Autorin und Journalistin Mojdeh Sionit in einem 2003 unter dem Titel „A Survivor´s Pesach" im „Jewish Journal" veröffentlichten Artikel ihre Pessach-Feiertage 2001, die sie in der Schiffschul verbrachte.[9]

Nach eigenen Angaben betreute Rabbiner Pressburger Hunderte iranische Juden während ihres Aufenthalts in Wien. Zu vielen von ihnen pflegt er noch immer gute Kontakte und besucht sie regelmäßig in den USA. Über die Arbeit, die sein Vater vor mehr als 30 Jahren begann und die bis zum heutigen Tag durch ihn fortgesetzt wird, sagte Michoel Pressburger in einem Interview mit dem Jüdischen Museum Wien im November 2014 Folgendes: „Er brauchte keine Anerkennung. Helfen war sein Blut."

In diese atemberaubende, intime und von Lebensfreude geprägte Welt der Iraner in Wien lassen die zwischen 1991 und 1993 entstandenen Fotografien von Christine de Grancy eintauchen. Durch glückliche Zufälle verschlug es die bekannte und renommierte Fotografin zu Beginn der 1990er Jahre in das kleine Bethaus in der Großen Schiffgasse. Michoel Pressburger, der sie mit offenen Armen empfing, der aber auch ab den frühen 1990er Jahren unter enormem finanziellen Druck litt, bat Christine de Grancy

these people. Someone had to do something to provide them with some kind of support if they wanted to get to America. And so I set up a yeshiva for these young people."[7]

In 1983 Michoel Pressburger founded his own aid organization called IJRescue, financed partly by himself and partly by generous private donations. Together with his father he began to take in what they considered to be lost souls.[8] They provided them with urgent necessities, and made accommodation, food, and clothing available. The social and religious welfare of their wards, however, seemed much more important to them. The Schiffschul, which had been a charity center for over a century, was the first contact point for these refugees stranded in Vienna. Activities were offered throughout the day. From the morning service until late in the night dozens and sometimes hundreds of Iranian Jewish refugees spent their time under the care of the rabbis Pressburger. They organized religious services and English lessons in preparation for life in the USA. Three meals a day were served, and hundreds streamed to the building at Grosse Schiffgasse 8 on Jewish holidays. The festivals were celebrated communally, and people danced, played music, studied, and ate together. For a short while they were able to forget their cares

and problems; This is how Mojdeh Sionit, who was born in Tehran in 1975 and was later to become well-known in the USA as a writer and journalist, described Pesach 2001, which she celebrated in the Schiffschul, in an article entitled "A Survivor's Pesach" published in 2003 in the *Jewish Journal*.[9]

According to Rabbi Pressburger himself, he looked after hundreds of Iranian Jews while they were in Vienna. He has kept in good contact with many of them and visits them regularly in the USA. In an interview with the Jewish Museum Vienna in November 2014, he said of his father's work more than thirty years previously, which he has continued to this day: "He didn't need recognition. Helping was in his blood."

Between 1991 and 1993, the photographer Christine de Grancy was able to immerse herself in the astonishing, intimate, and joyful world of the Iranians in Vienna. In the early 1990s, she happened by chance on the small prayer house in Grosse Schiffgasse. Michoel Pressburger, who welcomed her with open arms but who was also under enormous financial pressure, asked for her help and support. On her initiative and invitation, numerous members of the Vienna cultural and art scene visited the prayer house, where they were able to witness the fate of the Iranian Jews in Vienna

um Hilfe und Unterstützung. Auf ihre Initiative und Einladung besuchten viele Persönlichkeiten der Wiener Kultur- und Künstlerszene das Bethaus. Hier wurden sie Zeugen des Schicksals der iranischen Juden in Wien und der wohltätigen Arbeit von Schmuel und Michoel Pressburger. Bekannte Persönlichkeiten wie André Heller oder das Musikerduo Albert Misak und Edek Bartz, die sich seit den späten 1970er Jahren unter dem Künstlernamen „Geduldig und Thimann" der Wiederentdeckung der jiddischen Sprache widmeten, besuchten in dieser Zeit die Schiffschul. Von ihren Besuchen, von der aufopfernden und leidenschaftlichen Arbeit der Rabbiner Pressburger, aber allen voran von der Lebendigkeit der iranisch-jüdischen Gemeinde berichten diese eindrucksvollen Fotografien. Sie ermöglichen einen Blick hinter die Fassade des Gebäudes in der Großen Schiffgasse 8 und eröffnen ihren Betrachtern eine vorerst fremde, unbekannte, aber auch intime und von Akten der Nächstenliebe geprägten Welt und lassen in das Schicksal der „Iraner in Wien" eintauchen.

1 Vergangenheit und Zukunft. Die Wiener Schiffschul, in: David. Jüdische Kulturzeitschrift, Ausgabe 57, Juni 2003.
2 Burstyn, Ruth: Die „Schiffschul" – Geschichte, Hintergründe, in: Albrecht-Weinberger, Karl, Heimann-Jelinek, Felicitas: Heilige Gemeinde Wien. Judentum in Wien. Die Sammlung Max Berger, Katalog zur gleichnamigen Ausstellung des Historischen Museums der Stadt Wien, Wien 1987, S. 48.
3 Martens, Bob, Peter, Herbert: Die zerstörten Synagogen Wiens. Virtuelle Stadtspaziergänge, Wien 2009, S. 31–40.
4 Adunka, Evelyn: Die vierte Gemeinde. Die Geschichte der Wiener Juden von 1945 bis heute, Berlin, Wien 2000, S. 48.
5 Vergangenheit und Zukunft. Die Wiener Schiffschul, in: David. Jüdische Kulturzeitschrift, Ausgabe 57, Juni 2003.
6 Hagaon Hazadik Rav Schmuel Ben Aharon Pressburger, in: Die Gemeinde. Offizielles Organ der Israelitischen Kultusgemeinde Wien, September 1993.
7 Die iranischen Juden. Zwischenstation Wien. Interview mit Herrn Rabbiner Michoel Pressburger, in: David. Jüdische Kulturzeitschrift, Ausgabe 2, 1989.
8 http://www.ijrescue.com/About-Us.htm (Zugriff am 11.01.2015, 11:25 Uhr)
9 http://www.jewishjournal.com/articles/item/a_survivors_pesach_20030411 (Zugriff am 11.01.2015, 11:26 Uhr)

and the charity work of Schmuel and Michoel Pressburger. People like André Heller or the music duo Albert Misak and Edek Bartz, who, as Geduldig and Thimann, had devoted themselves since the late 1970s to the rediscovery of the Yiddish language, came to the Schiffschul at this time. These vivid photos tell of the self-sacrificing and passionate work of the rabbis Pressburger and above all of the vitality of the Iranian Jewish community. They offer a look behind the façade of Grosse Schiffgasse 8 to reveal a strange but intimate world, imbued with acts of loving-kindness, giving viewers the possibility of discovering the world and fate of the Iranians in Vienna.

1 "Vergangenheit und Zukunft: Die Wiener Schiffschul," in: David: Jüdische Kulturzeitschrift, no. 57, June 2003.
2 Burstyn, Ruth, "Die 'Schiffschul' – Geschichte, Hintergründe," in: Albrecht-Weinberger, Karl, Heimann-Jelinek, Felicitas, Heilige Gemeinde Wien: Judentum in Wien – Die Sammlung Max Berger, exh. cat., Historisches Museum der Stadt Wien (Vienna 1987), p. 48.
3 Martens, Bob, Peter, Herbert, Die zerstörten Synagogen Wiens: Virtuelle Stadtspaziergänge (Vienna 2009), pp. 31–40.
4 Adunka, Evelyn, Die vierte Gemeinde: Die Geschichte der Wiener Juden von 1945 bis heute (Berlin, Vienna 2000), p. 48.
5 "Vergangenheit und Zukunft", op. cit.
6 "Hagaon Hazadik Rav Schmuel Ben Aharon Pressburger," in: Die Gemeinde: Offizielles Organ der Israelitischen Kultusgemeinde Wien, September 1993.
7 "Die iranischen Juden: Zwischenstation Wien. Interview mit Herrn Rabbiner Michoel Pressburger," in: David: Jüdische Kulturzeitschrift, no. 2, 1989.
8 http://www.ijrescue.com/About-Us.htm (consulted on January 11, 2015, 11:25)
9 http://www.jewishjournal.com/articles/item/a_survivors_pesach_20030411 (consulted on January 11, 2015, 11:26)

Zur fotografischen Ästhetik von Christine de Grancy

Marlene Streeruwitz

Bei einem Fotoshooting für Mode in Portugal. Das war 1978. Die Männer des Dorfs Lissabon am Rossio waren versammelt und wollten zuschauen. Ein Fotoshooting war ein exotisches Ereignis. Einer der Männer fiel sogar vor dem Model in die Knie und schaute zu der jungen Frau auf wie zur Muttergottes. Das Model war durch dieses Gaffen verstört. Das Fotoshooting musste unterbrochen werden. Die Männer umringten das Team. Der Fotograf F. C. Gundlach arbeitete mit einem Teleobjektiv und das Model stand ziemlich weit weg. Die Männer störten und wurden zurückgedrängt. Der junge Mann wurde vertrieben. Das Fotoshooting ging wieder weiter. Der junge Mann aber kam mit einem braunen Packpapiersack voll Orangen zurück. Er rollte die Orangen von weit weg vor das Model hin. Die junge Frau musste über die vor sie hinrollenden Orangen nun aber doch lachen und schenkte dem jungen Verehrer das erhoffte Lächeln.

„Das hätte fotografiert werden sollen." Sagte Christine de Grancy damals. Sie war die Art Direktorin des Fotoshootings und weil es um einen Auftrag ging. Die rollenden Orangen wurden nicht fotografiert. Das Lächeln des jungen Manns und das Lächeln der jungen Frau zurück. Diese Eroberung von Verständigung. Das alles blieb Erinnerung. Das kann Christine de Grancy erzählen. Aber die Bilder davon. Die gibt es nicht.

Diese Geschichte ist wie die Gründungsgeschichte einer Ästhetik. Bei Christine de Grancy geht es nämlich immer um die Erzählung. Und. Erzählt wird über die Blicke, wie sie auf dem Foto festgehalten sind. Erzählt wird immer über die Möglichkeit der Verständigung und wie Verständigung ins Lächeln führt. Bei keinem anderen Fotografen oder Fotografin wird auf den Fotos so viel gelacht oder gelächelt.

Natürlich könnten wir das, was Christine de Grancy auf ihre Fotos bannt, Kommunikation nennen. Mit diesem Wort könnten wir den technischen Vorgang der Signalübertragung beschreiben. Es könnte gesagt werden, dass es sich um einen Austausch handelt. Dass eine Sozialhandlung vorliegt, wenn Christine de Grancy fotografiert. Dass sie in ihren Bildern eine metaphorische Sichtweise für Alltag entwickelt hat. Aber das beschreibt eben nur Kommunikation. Die Fotos von Christine de Grancy können mehr. Die Fotos von Christine de Grancy können sehr viel mehr.

Die Fotos von Christine de Grancy bündeln nämlich die Bedeutungen des im Fotografieren erfassten Augenblicks in ganz spezifischer Weise und verweisen durch diese Bündelung der Bedeutung immer auf die Möglichkeit, dass alles auch ganz anders sein könnte. Darin, dass der festgehaltene Augenblick darauf verweist, dass

The Photographic Art of Christine de Grancy

Marlene Streeruwitz

At a fashion photo shoot in Portugal. It was in 1978. The men of the village Lisbon on Rossio had gathered around to watch. A photo shoot was still an exotic event. One of the men even fell to his knees before the model and looked up at the young woman as if she were the Virgin Mother. The model was annoyed by these men ogling her like this. The photo shoot had to be interrupted. The men were surrounding the team. Photographer F.C. Gundlach was working with a telephoto lens, and the model was standing rather far away. The men were causing a disturbance and had to be pushed back. The young man was chased off. Then the photo shoot continued. But the young man came back carrying a brown paper bag full of oranges. From a distance, he rolled the oranges in the direction of the model. The young woman finally had to laugh at all these oranges rolling towards her and gave her young admirer the smile he had been hoping for.

"That should have been photographed." Said Christine de Grancy at the time. She was the art director for the shoot, and since this was an assignment. The rolling oranges were not photographed. The young man smiling and the young woman smiling back. Overcoming the obstacles to understanding each other like this. All that remained a memory. Christine de Grancy can tell the story. But pictures of it. There are none. This story is like the founding story of an aesthetic conception. Because Christine de Grancy is always concerned with telling a story. And. The story told is one of glances as they have been recorded in the photograph. The story told is always one of the possibility available to people to understand each other and of how understanding leads to a smile. In no other photographer's photographs is there so much laughing and smiling. Of course, we could call what Christine de Grancy captures in her photographs communication. We could use this word to describe the technical process of transmitting signals. We could say it is all about a form of exchange. That Christine de Grancy is in the presence of a social act when she photographs. That in the pictures she takes she has developed a metaphorical way of seeing everyday life. But that is just it – this only describes communication. Christine de Grancy's photographs can do more

alles nur immer einen Augenblick lang so ist und gleich einen Wimpernschlag später ganz anders sein kann und schon das nächste Foto gemacht werden müsste. So ist in jedem Foto von Christine de Grancy gerade durch das Festhalten des Augenblicks nachgewiesen, dass die Veränderung existiert. Es ist damit auch die Möglichkeit eröffnet, Veränderungen zu denken. Und. Darin sind diese Fotos je politische Testamente des Wunschs auf eine gerechtere und friedlichere Welt.

Christine de Grancy fotografiert zuerst einmal nicht um der Fotografie willen. Sie fotografiert wegen des Augenblicks. Und das ganz wörtlich so. Die Kamera hält die Blicke der Augen fest und übergibt sie dem Blick des Betrachters oder der Betrachterin. „So war das." sagen diese Fotos. Im Betrachten dieser Fotos wird Zustimmung abgefordert. „Ja." muss der Betrachter oder die Betrachterin zu diesen Bildern nicken. „Ja. So war das." Und in der Zustimmung selbst verbirgt die Fotografin die Dringlichkeit des Politischen. „Warum ist es dann nicht gerechter." Erzwingt sich die nächste Frage aus der Antwort des Bilds.

Auf den Fotos von Christine de Grancy geht es immer um Lebendigkeit. Es wird uns nicht nur die Welt oder das Leben vorgeführt. Es geht um ein grundlegendes Am-Leben-Sein der fotografierten Personen, das die Voraussetzung für Würde ist. Konsequenterweise werden wir nie eine Inszenierung in den Fotos von Christine de Grancy finden. Immer handelt es sich um Wirklichkeiten, die in die winzigen Augenblicke der

Belichtung zerteilt, im Foto die Erzählung vom Am-Leben-Sein weiterführen.

Christine de Grancy lässt darüber hinaus keinen Rahmen für ihre Fotos zu. (Doch. In einigen Fällen rahmt die Fotografin ihre Bilder. Die Arbeit erscheint ihr dann in gewisser Weise abgeschlossen.) Sie wählt keinen Ausschnitt. Das Foto ist das Foto. Deshalb bedarf es der vielen aufgehängten Fotos in ihrer selbst erfundenen Ausstellungsform. Jedes Foto ist immer nur diese kleine Wirklichkeit und es geht darum, diese kleinen Wirklichkeiten in der Zeit aneinanderzureihen. Diese Bündel von Fotografien. Wie sie da an den Drähten hängen und angegriffen werden sollen. Wie Foto an Foto gereiht der Blick in diese Augenblicke gezwungen wird. Da wird das Gegenteil von Film hergestellt. Hier greift keine Bewegung in die andere und führt sich so selbst in den Ablauf der Zeit zurück und wird so selbst wieder zur flüchtigen Erinnerung. Denn. Hätte Christine de Grancy ein Video von den rollenden Orangen beim Fotoshooting in Lissabon. Für sie könnte es höchstens die filmstills geben. Das Video ließe die Orangen ja immer und immer wieder rollen. Die Orangen würden das Lächeln des Models auslösen und der junge Mann müsste immer und immer wieder in die Knie sinken. Ein Vorgang wäre geschildert. Und eben darin flüchtig. Während ein Foto von den Orangen oder des Lächelns die Orangen oder das Lächeln selbst sind. Die Orangen oder das Lächeln werden zum Subjekt in der Grammatik eines Fotos dieser Fotografin. Ein solches Foto kann dann in dieser besonderen Grammatik nicht nur kommunizieren.

than that. Christine de Grancy's photographs can do a great deal more than that.

What Christine de Grancy's photographs do is bring together in a very specific way the significations present in the moment photographed, and by concentrating signification in this way, they always point to the possibility that everything could also be totally different. The recorded moment being a reminder that everything is as it is only for a moment and that in the blink of an eye it can be totally different and that it is already time for the next photograph to be taken. And so, in every one of Christine de Grancy's photographs, it is precisely this capturing of the moment that serves as proof of the existence of change. This also opens up the possibility for us to contemplate changes. And. For this reason, each of these photographs is a political testament to the desire for a more just and peaceful world.

First of all, Christine de Grancy does not photograph for the sake of the photograph. She photographs for the sake of the moment, the moment of a glance. Quite literally. The camera captures eyes as they glance and presents these glances to the eyes of the viewer. "That's how it was." These photos say. As we consider the photos, we feel them urging us to agree. "Yes." The viewer has to nod in

response to these pictures. "Yes. That's how it was." And in this prompted agreement itself the photographer conceals the immediacy of the political. "So why aren't things more just." This question then forces itself upon us from the picture's response.

What we see in Christine de Grancy's photographs always has to do with vitality. It is not just the world or life being paraded before our eyes. It all has to do with a fundamental being-alive on the part of the persons photographed, which is the basis of dignity. Consequently, we will never find anything staged in Christine de Grancy's photographs. They are always about realities, which, broken up into tiny moments of camera exposure, pursue a course directed by the story of being-alive told in each photograph. In addition, Christine de Grancy does not usually allow her photographs to be framed. Though in some cases she does. The work then seems to her somehow finalized. She does not select details. The photograph is the photograph. This is why the exhibition form that she herself has devised requires a great number of photos to be hung. Each photo is always just that one little reality, and it is a matter of stringing these little realities together in time. These bundles of photographs. The way they are all strung up there, inviting you to touch them. The way the eye is

Denn das kann ja jedes Bild. Die besondere Anordnung der Subjekte und wie das Foto diese Subjekte in ihrer Bedeutung bestätigt, das führt zu Verständigung. Das führt zu dem einverständlichen Satz, „Ja. So ist es."

Christine de Grancy will keine Erinnerung. Sie will nicht die flüchtige Verzerrung der Erinnerung in die jeweils eigene Geschichte mit all diesen zufälligen Belastungen. Sie will die Wirklichkeit in jedem Augenblick. Und sie will die Wirklichkeit objektiv. Sie will die Wirklichkeit wie sie sich in jedem Augenblick auswirkt und Folgen hat. Mit den Fotos von Christine de Grancy können wir aus der Zeit heraustreten und den Augenblick untersuchen. Der Ablauf der Zeit ist eingesprochen und wir können über den, im Foto je übergebenen Augenblick nachdenken. Wir können darüber grübeln. Sinnieren. Überlegen. Nachsinnen. Abwägen. Reflektieren. Denn. Wir sehen so ein Foto genau so wie wir eigentlich sehen. Wir sehen einzelne Bilder, die sich zur Wahrnehmung von Bewegung erst zusammenführen, wenn derselbe Reiz nacheinander auf unterschiedliche Stellen der Netzhaut aufgetroffen ist. Wie alle Wahrnehmung ist dieses Sehen erlernt, beruht auf Erfahrung und ist kulturell bedingt. Die Fotos von Christine de Grancy führen uns so gesehen auf eine frühe Stufe des Sehenlernens zurück und geben uns darin Zeit und Raum, uns unserer eigenen Wahrnehmung bewusst zu werden. Die Fotografin gibt uns ein Modell von Sehen vor, an dem wir unsere eigene Wahrnehmung erkennen können. So wird über diese Ästhetik eine Befreiung hergestellt. Die

Fotos von Christine de Grancy können aufgrund dieser frühen Stufe des Sehens allen Ballast von Prägung und Erfahrung beiseite schieben. Mit diesem Sehen wird der Betrachter und die Betrachterin in einen Zustand von Unschuld versetzt. Als wären es die ersten Bilder, die man oder frau sieht. Und. Wie alle Unschuld könnte das zu Missbrauch führen. Wir kennen ja die großen Verführungskünste der bildgebenden Medien.

Aber. Dieser Gefahr steht die Autorschaft Christine de Grancys an ihren Fotos entgegen. Ihr Blick, den sie in die Fotos verlängert. Er ist die Schilderung der Würde der Fotografierten, die jeden manipulativen Gebrauch ihrer Fotos verhindert. Jede der fotografierten Personen ist in ihrer Lebendigkeit erfasst und nie reines Objekt oder eine Fläche, die in Licht und Schatten und die Grautöne dazwischen aufgelöst wird. Konsequenterweise werden diese Personen auch in den Bildbenennungen genannt. Die Personen werden beschrieben und verortet und der Punkt in der Zeit vermerkt. Jedes Foto ist ja sofort ein historisches Monument und Christine de Grancy erreicht die überzeitliche Wirkung ihrer Fotos durch genau diese Anerkennung der Zeitlichkeit.

Christine de Grancys Arbeit ist deshalb ein Archiv der Verschwundenen. Von Anfang an widmete sie sich der Dokumentation der Umbrüche, der Verfolgungen und der Bedrohungen. Sie fotografiert die Personen inmitten der Umbrüche und Bedrohungen. Reisen führen sie nach Griechenland, Russland-Georgien, Japan, Algerien-West-Sahara, Portugal, China-Tibet, Pakistan,

drawn into these moments, one photo after another, all lined up like this. What is being produced here is just the opposite of a film. No movement meshes with another to allow itself to be pulled back into the flow of time and thus itself become a fleeting memory. Because. If Christine de Grancy had a video of the rolling oranges at the photo shoot in Lisbon. Only the stills, at most, would be of any interest to her. Because the video would make the oranges roll over and over again. Over and over again the oranges would make the model smile, and the young man would keep having to fall to his knees. A process would be portrayed. And for that reason fleeting. Whereas a photograph of the oranges or of the smile would be the oranges or the smile themselves. The oranges or the smile become subjects in the grammar of a photograph taken by this photographer. In this particular grammar, such a photograph can then not only communicate. After all, any photograph can do that. The particular arrangement of subjects and the way the photograph confirms these subjects in their signification – all of this leads to understanding. It leads to the utterance of mutual agreement, "Yes. That's how it is."

Christine de Grancy does not want memory. She does not want the fleeting distortion of memory that implicates each person's own history with all those

chance encumbrances that go along with it. What she wants is the reality of every moment. And she wants reality objectively. She wants reality that at every moment reveals its impact and consequences. With Christine de Grancy's photographs, we can take a step out of time and examine the moment. The flow of time comes to us in voice-over, and we can stop and think about the moment thus passed on to us by each photograph. We can mull over it. Muse upon it. Ruminate. Speculate. Ponder. Reflect. Because. We see such a photograph exactly in the same way that we go about seeing anything. We see individual images, which coalesce to enable us to perceive movement only when the same stimulus impinges upon the retina consecutively in various places. Like all forms of perception, this ability to see is learned; it is based on experience and is culturally conditioned. In this sense, Christine de Grancy's photographs take us back to an early stage of our learning how to see, and in doing so they give us time and room to become aware of our own perception. The photographer offers us a model of how to see, in which we can recognize our own ability to perceive. The aesthetics here thus result in a form of emancipation. By virtue of this early stage of seeing, Christine de Grancy's photographs can shove aside all burden of experience and of the

Türkei-Kurdistan, Niger, Mali. Aber auch in ihrer eigenen Welt forscht sie den Umbrüchen nach und wie sich diese Veränderungen in die Schicksale schlagen. Die Fotos aus dem Grauen Haus, aus der Leopoldstadt oder der Meldemannstraße geben Auskunft über die Personen an diesen Orten und in dieser Auskunft über je einen einzigen Augenblick weist die Fotografin das Flüchtige an der Geschichte nach.

Sie verweist aber aufs Nachdrücklichste darauf, wie wichtig jeder dieser Augenblicke ist und wie in jedem Augenblick Schicksal eingeschrieben ist. Darin sind ihre Fotos ein steter Aufruf für eine nachhaltige Politik in der Welt. Ein Auftrag ist das und ein Appell. Und weil das der Fotografin so wichtig ist, deshalb hängen so viele Fotos aneinandergereiht in den Ausstellungen und deshalb wünscht sich die Fotografin, dass die Betrachter und Betrachterinnen die Fotos angreifen und sich ihre eigene Zeit nehmen können, sich dieses Appells gewärtig zu werden.

things that have left their mark on us. Seeing in this way, the viewer finds himself or herself placed in a state of innocence. As if these were the first images that man or woman had ever seen. And. Like all innocence, this could lead to abuse. We know only too well the great arts of seduction practiced by the imaging media. But. The fact that Christine de Grancy is the author of her photographs safeguards against this danger. Her way of seeing, which she extends to the photographs. It is the portrayal of the dignity of the persons photographed, which prevents any manipulative use of her photographs. Each of the persons photographed is captured in his or her vitality and is never a mere object or surface that can be resolved into light and shadow and the shades of gray in between.

Consequently, in the labeling of the pictures these persons are also named. The persons are described and the location and time of the photograph indicated. Every photograph is, after all, immediately a historical monument, and it is precisely by recognizing temporality in this way that Christine de Grancy achieves the timeless effect in her photographs.

The work of Christine de Grancy is therefore an archive of people who have disappeared. From the very beginning, she has devoted herself to documenting

upheaval, persecution and threat. She photographs people surrounded by upheaval and threat. Her travels take her to Greece, Russia-Georgia, Japan, Algeria-Western Sahara, Portugal, China-Tibet, Pakistan, Turkey-Kurdistan, Niger, Mali. But she also investigates upheaval in her own world and the impact the changes have on people's fates. The photographs taken in Vienna's "Gray House" prison, in the Leopoldstadt or in the men's dormitory in the Meldemannstraße provide information about the people in these places, and in this information about only a single moment in each case, the photographer provides evidence of the fleeting nature of history.

But with great emphasis she points out how important each of these moments is and how fate is inscribed in every moment. In this respect, her photographs are a constant appeal for sustainable politics in the world. A task is being set here, and a plea is being made. And since this is so important to the photographer. This is why so many photographs hang in the exhibitions, all lined up one after another, and this is why the photographer hopes the viewers will handle the photographs and will take time into their own hands in order to become aware of this plea.

Wenn das Dort zum Hier wird

Christine de Grancy

Hier war ich schon einmal ... Ein Zufall führte mich 1991 wieder in die Große Schiffgasse 8, nun in das Bethaus von Rabbiner Schmuel Aharon Pressburger und dessen Sohn Michoel. Die Bilder, die ich in der „Schiffschul" von den iranischen Juden machte, blieben bisher unveröffentlicht. 1988 streifte Gerhard Roth mit Herrn Berger und mir durch die Leopoldstadt, den zweiten Wiener Gemeindebezirk. Der Schriftsteller erarbeitete einen Artikel für das Hamburger „ZEIT-Magazin", ich suchte die Bilder dazu. Herr Berger führte uns zu Plätzen seiner Kindheit. Zuerst zum Donaukanal. Er erinnerte sich an den Neujahrstag, Rosch Ha-Schana. Damals warfen die Juden Brotkrumen in das Flusswasser, das ihre Sünden mit sich fortnehmen sollte. Weiter ging es in die Große Pfarrgasse, zur koscheren Fleischhauerei. In der Kleinen Sperl-

Herr Berger im Hinterhof
des Hauses Große Schiffgasse 8
Wien, 1988
Mr. Berger in the rear courtyard of
Grosse Schiffgasse 8
Vienna, 1988

When there becomes here

Christine de Grancy

I had been here once before. I returned by chance in 1991 to Grosse Schiffgasse 8 and the prayer house run by Rabbi Schmuel Aharon Pressburger and his son Michoel. The pictures I took there of the Iranian Jews have never been published. In 1988 I was walking with Gerhard Roth and Mr. Berger through Leopoldstadt, the 2nd district of Vienna. The writer was researching an article for the Hamburg *ZEIT-Magazin* and I was looking for accompanying pictures. Mr. Berger took us to the places of his childhood. First the Danube Canal. He recalled Rosh Hashanah there, when Jews would throw breadcrumbs into the flowing water to sweep away their sins. We continued to Grosse Pfarrgasse, the kosher slaughterhouse. Mr. Berger went to elementary school in Kleine Sperlgasse. It was used by the Gestapo between 1941 and 1943 to collect and hold Jews before their deportation to the extermination camps. Then we went past Karmelitermarkt to Grosse Schiffgasse and the overrun rear courtyard of Grosse Schiffgasse 8, where the Schiffshul had once stood before being burnt to the ground in the November Pogrom.

The picture with Mr. Berger in the foreground shows the prayer house from the courtyard. Behind the windows on the first floor is the Schiffschul meeting room. Refugees were probably gathered there even then around the rabbi and his son. Vienna was a transit station for them on their way from Iran to America, where they could enjoy protection and security for a short time. After the overthrow of the Shah and the growing tensions with Israel, it became very difficult for Jews to remain in Iran.

Karl Berger escaped in 1939 to England. He said softly: "It was my biggest mistake to return to Vienna in 1962." He no longer felt at home there. The inconceivable injustices he had experienced there became

gasse war Herrn Bergers Volksschule. Hier kamen zwischen 1941 und 1943 jüdische Bürger in Gestapo-Haft. Von dieser Sammelstelle ging es zu den Vernichtungslagern. Weiter über den Karmelitermarkt in die Große Schiffgasse, in den verwilderten, weitläufigen Hinterhof des Hauses 8, wo die Schiffschul-Synagoge stand. Auch sie ging in den Flammen des November-pogroms unter.

Das Bild mit Herrn Berger im Vordergrund zeigt die Hofseite des Bethauses. Hinter der Fensterflucht, im ersten Stock ist der Versammlungsraum der Schiffschul. Vermutlich waren schon damals um den Rabbiner und seinen Sohn Flüchtlinge versammelt. Auf ihrem Weg vom Iran über Wien nach Amerika war hier eine Zwischenstation, die ihnen für kurze Zeit Schutz und Geborgenheit geben konnte. Nach dem Sturz des Schah und den anwachsenden Spannungen mit Israel war das Bleiben im Iran für viele zu schwer.

Karl Berger floh 1939 nach England. Leise sagte er: „Es war mein größter Fehler, dass ich 1962 nach Wien zurückgekommen bin." Er fühlte sich hier niemals mehr zu Hause. Wie viel unfassbares Unrecht hier erlitten werden musste, wurde uns immer klarer. Ein Meer an Grausamkeit und tiefster Gemeinheit, begangen von einem Teil der Bewohner, auch hier in der Leopoldstadt.

1991 kam ich wieder an diesen Ort. Man sagt, Engel und Zufall teilen sich in der alten heiligen Sprache eine gemeinsame Wurzel. Eine junge Frau, die sich zu dem Sohn des Rabbiners hingezogen fühlte, bat mich, sie zu begleiten. Ihr Wunsch, das wurde bald klar, konnte sich nicht erfüllen.

Mich aber zog der junge Rabbiner in ein Gespräch, das von einer großen Sorge berichtete, die ihn über alle Maßen bedrückte. Mit der Zeit konnte Hilfe gefunden werden. Im Zuge dessen entstanden zwischen 1991 und 1993 diese Bilder. Sie erzählen von der Brüchigkeit des Lebens. Sie zeigen aber auch, wie entschlossen Menschen aufbrechen, von einer Diaspora zur nächsten, um neue Möglichkeiten für ein gelungeneres Leben zu suchen. Auch wollte ich mit meinen Bildern die Geschichte eines Vaters festhalten, der seinem Sohn Vorbild wurde, wie Menschen zu helfen ist, um unfassbare Not zu wenden.

Rabbiner Schmuel Aharon Pressburger hat während des Nazi-Alptraums zusammen mit dem legendären schwedischen Diplomaten Raoul Wallenberg in Budapest mitgewirkt, um jüdischen Bürgern das Leben zu retten. Der Rabbiner überlebte, Wallenberg aber verschwand bis heute ungeklärt in einem sowjetischen Arbeitslager. In Erinnerung bleibt, dass durch den „Wallenberg-Pass" um die 100.000 Menschen dem Terror entfliehen konnten. Undurchdringlich bleibt das Netz von Gerüchten um den mutigen Botschafter.

Der Sohn folgte den Fußspuren seines so verehrten Vaters und versuchte, bedrohte Iraner zu retten. Er befand bescheiden, seine Leistung sei gering und selbstverständlich. Viele Unternehmungen der Pressburgers mussten im Verborgenen bleiben. Ihre Verschwiegenheit galt dem Schutz von Menschen. Vielleicht erzählen die Bilder auch eine Geschichte von einer gelungenen Begegnung, wie sich das Fremdsein zwischen uns Menschen lösen kann.

increasingly clear to us. There was an ocean of cruelty and intense hatred by some of the population of Vienna, including many in Leopoldstadt.

I returned here in 1991. It is said that angels and chance have the same root in the old holy language. A young woman attracted to the rabbi's son asked me to accompany her. It soon became clear that her desire would not be reciprocated. But the rabbi started talking to me about a great concern that was almost overwhelming him. Help was eventually found. These pictures were taken at this time between 1991 and 1993. They tell of the fragility of life but they also show how determined people are to move from one Diaspora to another to seek a better life. I also wanted in my pictures to capture the story of a father who showed his son how to help these incredibly needy people.

During the Nazi terror, Rabbi Schmuel Aharon Pressburger worked with the legendary Swedish diplomat Raoul Wallenberg in Budapest to save the lives of Jewish citizens. The rabbi survived while Wallenberg disappeared in a Soviet labor camp in circumstances that are still unclear today. What is left is the "Wallenberg pass," which enabled around 100,000 people to flee from the terror. A tangled web of rumors surrounds the courageous diplomat.

The son followed in the footsteps of his venerated father and attempted to rescue Iranians in danger. He claims modestly that his actions were negligible and a matter of course. Much of the work carried out by the Pressburgers had to be done in secret in order to protect the people they were helping. Perhaps the pictures also tell the story of a successful encounter and the building up of trust. The Italian writer Claudio Magris, who experienced the hard lines of separation in Trieste, asked himself: "Who is standing on the other side?" He quotes Dante, who also asked this question and came to the conclusion: "To me the whole world is our homeland, like the sea is to fish. As he had always drunk water from the Arno, he felt at home in Florence. The two rivers come together somewhere and merge without their differences being removed."[1] Magris continues: "One cannot exist without the other, being rooted and being far away, the vital symbiosis of love of one's homeland and the nomad wandering existence."[2]

Sudden or planned flight, exile and the eternal search for the Promised Land have forced countless people again and again on a never-ending journey. The boundaries within and around us are continuously stretched, fought for, and rarely handled with dignity. These unceasing metamorphoses reflect the

Claudio Magris, der italienische Schriftsteller, der die Härte von Grenzen um sein Triest unmittelbar erlebte, fragte sich immer wieder: „Wer ist es, der auf der anderen Seite steht?" Er zitiert Dante, den diese Frage auch beschäftigte, und befand, „(...) dass unsere Heimat die Welt sei, wie es für den Fisch das Meer ist. Da er immer Wasser aus dem Arno trank, sei ihm Florenz so geworden. Diese beiden Gewässer, die irgendwann aufeinandertreffen und sich vermischen, ohne dass der Unterschied aufgehoben wird, ergänzen sich wechselseitig."[1] Magris sinniert weiter: „(...) Das eine kann ohne das andere nicht sein, das Verwurzeltsein und die Ferne, die vitale Symbiose von Heimatliebe und nomadenhaftem Unterwegssein."[2]

Überstürzte oder geplante Flucht, Stationen des Exils und die ewige Suche nach dem Gelobten Land nötigten und nötigen eine unfassbare Zahl von Menschen in nicht enden wollende Wanderschaften. All die Grenzen in und um uns werden ständig neu erzwungen, umkämpft, selten menschenwürdig verhandelt. Diese unaufhörlichen Metamorphosen spiegeln das Wesen des Lebens wider, das ständige Überschreiten von Grenzen. Aber die brennende Frage bleibt, ob und wie wir Grenzen überschreiten dürfen, wer, wann und warum welche Grenzen gesetzt hat.

Ruth Beckermanns Buch „Mazzesinsel" aus dem Jahr 1984 gab mir einen aufrüttelnden Einblick in die Zwischenkriegszeit von Wien. Neben den erschütternden Erinnerungen von Elias Canetti, Manès Sperber, Joseph Roth u.a. verdeutlichen ihre ausgesuchten Fotografien, wie sich neben einer aufstrebenden Bürgerschaft jüdischer Herkunft ein unglaubliches Elend in der Leopoldstadt zusammenbraute. Am anderen Ufer des Donaukanals grenzte die noch immer mondän wirkende Innenstadt, vor wenigen Jahren noch die Metropole eines Imperiums. Das andere Ufer war für viele alteingesessenen Wiener eine Demarkationslinie.

Hinter dem heutigen Bethaus wurde im 19. Jahrhundert die Schiffschul erbaut. Sie wurde als Festung gegen Reformen und Assimilation errichtet, war Vorposten und Bollwerk für das „Jiddischsein". Noch zwischen den Weltkriegen war sie Mittelpunkt der Orthodoxie.

„Es gibt kein schwereres Los, als das eines fremden Ostjuden in Wien"[3], so schrieb Joseph Roth über diese Menschen, die ihre Rückständigkeit, Armut und tiefe Gläubigkeit mit sich hierher brachten. Er stellt den etwas früher Angekommenen ein irritierendes Zeugnis aus: „(...) Noch einer ist angekommen. Noch einer will verdienen. Noch einer will leben. Das Schlimmste: dass man sie nicht umkommen lassen kann. Er ist kein Fremder. Er ist Jude und ein Landsmann."[4] Zur gleichen Zeit propagieren die sozialen Deutschnationalen ihren Antisemitismus. Die Sozialdemokraten fürchten den Ruf, eine „jüdische" Partei zu sein. Die Jüdischnationalen, eine bürgerliche Partei, nahezu machtlos. Die Masse der Ostjuden aber lebte als rechtloses Proletariat in ghettohaften Zuständen. Die Behörden waren überfordert. Die Papiere der Angekommenen waren voller Ungereimtheiten. Nicht nur die neue Ordnung von Versailles hatte für zu viele Menschen undurchschaubare

essence of life as a continuous transgression of boundaries. But the burning question remains whether and how we may cross borders, and who has put them up in the first place, when and why.

Ruth Beckermann's book *Mazzesinsel* written in 1984 gave me a startling insight into the interwar years in Vienna. Apart from the distressing recollections by the likes of Elias Canetti, Manès Sperber, and Joseph Roth, her illustrations show how the bourgeoning middle-class Jewish citizenry lived side by side with incredible poverty in Leopoldstadt, just on the other side of the Danube Canal from the cosmopolitan city center, once the capital of a huge empire. For many of the old traditional Viennese, the other side of the canal was a demarcation line.

The Schiffschul was built in the nineteenth century behind the present-day prayer house. It was a bulwark against reform and assimilation, an outpost of a Yiddish world. Between the wars it was still a center of orthodoxy.

"There is no harder lot than that of the Eastern Jew arrived in Vienna,"[3] wrote Joseph Roth about these people, who brought their old-fashioned ways, their poverty, and their deep piety with them. He reminds those who have been there for a while of their roots: "Someone else has arrived. Someone else wants to earn. Someone else wants to live. The worst of it is he

can't just be left to perish. He's not a stranger. He is a Jew and a compatriot."[4] At the same time anti-Semitism was rife among the German Nationalists. The Social Democrats were fearful of gaining the reputation of being the "Jewish" party. The Jewish National Party was powerless. Most Eastern Jews lived in working class ghetto-like poverty without rights. The authorities couldn't handle them. The papers of the new arrivals were full of inconsistencies. The Treaty of Versailles had created confusion for many people. Russia was in the throes of drastic change, and the recurrent pogroms forced many Jews to flee. *The Wandering Jews* still has terrible relevance today.

"How can one explain the mystery of the survival of the Jews without a homeland, without a state, without anything?"[5] asked Heinrich Heine, who towards the end of his life renounced his conversion to Christianity and offered his own wise answer to the question: "Because the Shulchan Aruch offers them a home they can carry with them."[6]

I arrived in Vienna in 1963 from Graz, where my father's parents were born. It took years for me to get used to this diverse, old, and embittered society. But it was still more tolerable to live in the anonymity of the city than in the provinces, where the tacit agreement not to talk about the past was asphyxiating.

Situationen geschaffen. Russland, in einem unvorstellbaren Umbruch und seinen immer wiederkehrenden Pogromen gegen Juden, zwang sie zur Flucht. „Juden auf Wanderschaft", Joseph Roths Bericht liest sich erschreckend aktuell.

„Wie kann man das Mysterium des Überlebens der Juden, ohne Heimat, ohne Staat, ohne irgend etwas, erklären?"[5] Heinrich Heine, der am Ende seines Lebens seinen Übertritt zum Christentum wieder ablegt, gibt sich auf seine Frage die wissende Antwort: „Weil sie im Schulchan Aruch eine regelrechte tragbare Heimat besitzen."[6]

1963 kam ich von Graz nach Wien, der Geburtsstadt der Eltern meines Vaters. Es brauchte Jahre, um mich in dieser vielfältigen, auch hier weitgehend alten, verbitterten Gesellschaft einzuleben. Dennoch war es erträglicher, in der Anonymität einer Großstadt zu leben als in der Provinz, wo eine stillschweigende Übereinkunft in der Gesellschaft über das Verdrängte vergangener Jahre einem die Luft zum Atmen nahm. Wir Jungen spürten über die noch sichtbaren Ruinen und Schäden, die der Krieg hinterlassen hatte, welche Ungeheuerlichkeiten sich dahinter verbargen. Mit der Zeit begriffen wir, wie verstrickt die Alten in dem vom Naziregime hinterlassenen Elend waren. Aus Mitläufern und Fanatikern wurden wieder Verlierer. Erst das Kaiserreich, dann das so fatal erkämpfte Tausendjährige Reich verloren. Sicht- und spürbar die Abwesenheit der Männer. Die aus der Gefangenschaft Zurückgekehrten waren an Leib, Geist und Seele verroht, verstört oder verkrüppelt. Selten konnten sie gute Väter sein. Der Wiederaufbau ließ ihnen wenig Zeit,

über Vergangenes nachzudenken. Fragen wurden verdrängt oder barsch abgewürgt.

Immer wieder tauchte das Wort Jude auf. Wer waren die, die „unseren Herrn Jesus Christus ans Kreuz geschlagen haben" und an allem schuld gewesen waren. Juden, die als Kommunisten oder als Kapitalisten weltmächtig alles beherrschten und all das Elend verursacht haben sollen. Nicht nur die katholisch erzogene Großmutter sagte das. Frau Meier, unsere Näherin, die die Weiß- und Bettwäsche der vielköpfigen Kinderschar flickte, war Erzieherin in Ungarn gewesen. Sie beleidigte mich eines Tages, das etwa achtjährige Kind: „Fuchtl net wie ein Jud!" Ich erzählte gerne, dazu brauchte ich unbedingt meine Hände. Ich mochte sie nie, nun hatte sie bei mir restlos ausgespielt und sie hatte mich zur „Philosemitin" gemacht. Was sonst, da ich diesen Juden ähnlich sein musste. Auch der Pfarrer wich während des Konfirmationsunterrichts auf Fragen um das Judentum immer wieder aus. Langsam begriff ich: „(...) hier hat der Wolf dem Schafhirt ein Attest zur Legitimation Priester zu sein erteilt." Kierkegaard hat es treffend formuliert. So habe ich es empfunden und verließ die Kirche.

Das Vertrauen in die Eltern- und Großelternschaft, Staat und Kirche zerbrach. Der Vater und die Großväter waren unerreichbar. Gefallen. Ermordet. Tot. Zu viele Überlebende ließen sich mundtot machen. Kirchen verteidigten nicht genug das Menschsein, nicht alleinstehende Frauen und deren vaterlose Kinder. Das Autoritäre stand immer vor einer sich bemühenden

We young people saw the horrors behind the ruins and damage that the war had left. We gradually realized how much these old people had been implicated in the misery left by the Nazi regime. The supporters and fanatics had become the losers, first of the empire and then of the doomed Thousand-Year Reich. The absence of men was visible and tangible. The returning prisoners of war were physically, mentally, and emotionally brutalized, traumatized, and crippled. It was difficult for them to be good fathers. Reconstruction left them little time to think about the past. Questions were repressed or simply strangled.

The word "Jew" cropped up regularly. Who were these people who had "crucified our Lord Jesus" and were to blame for everything? Jews, who as Communists or capitalists ruled the world and caused all that misery? It was not only the traditional Catholic old ladies who believed this. Our seamstress Frau Meier, who mended the family's blue and white sheets, had been a social worker in Hungary. She insulted me, an eight-year-old child, one day, saying: "Don't gesticulate like a Jew!" I liked to talk and I needed my hands to do so. I didn't like her, and now she kept on picking on me as a "Jew lover." How could she do otherwise, since I must have reminded her of these Jews. During confirmation classes the priest also avoided questions about Judaism. I gradually realized: "The

wolf gives the shepherd a testimonial to legitimize him as a priest." Kierkegaard hit the nail on the head. That's how I saw it, so I left the church.

Trust in grandparents, the state, and the church was shattered. Father and grandfathers were not available—killed, murdered, dead. Too many survivors allowed themselves to be silenced. Churches did not sufficiently defend humanity, single mothers and their fatherless children. Authority always had precedence over caring fatherliness. Of course, these fathers were influenced by the authorities and their own fathers, who had been damaged by the terrible consequences of World War I.

In 1960 the State of Israel invited the children and grandchildren of July 20 plot members to visit. Our mother's father, Colonel Friedrich Wagner, was a member of the Berlin circle led by General Ludwig Beck and the mayor of Leipzig, Carl Friedrich Goerdeler. It was not until two years before our trip to Israel that our mother told us of his suicide two days after the assassination attempt on Hitler.

We don't know how much his wife had been let into the secret. He will certainly have wanted to protect his family.

Jewish friends told us how long they were unable to talk to their children about their traumatic experiences. In Israel we realized the enormity of our society's involvement. Yad Vashem, the Shoah

Väterlichkeit. Sicher, diese Väter wurden von Vätern und Autoritäten geprägt. Und diese haben Schaden genommen von den verheerenden Auswirkungen des Ersten Weltkrieges.

1960 lud der Staat Israel Kinder und Enkel der Widerstandskämpfer des 20. Juli 1944 ein. Der Vater unserer Mutter, Oberst Friedrich Wagner, gehörte in Berlin zum Kreis von General Ludwig Beck und dem Oberbürgermeister von Leipzig, Carl Friedrich Goerdeler. Von seinem Selbstmord, zwei Tage nach dem Attentat auf Hitler, berichtete die Mutter erst zwei Jahre vor unserer Reise nach Israel.

Wir wissen nicht, was seine Frau wusste, wer eingeweiht war. Es galt für ihn sicher, das Leben seiner Familie zu schützen.

Von jüdischen Freunden erfuhren wir, wie lange deren Eltern von ihren traumatischen Erlebnissen den Kindern nichts erzählen konnten.

In Israel verdeutlichte sich die Ungeheuerlichkeit, in der unsere Gesellschaft verstrickt war. Yad Vashem, das Schoa-Mahnmal, war im Entstehen. Dort aber wurde mir bewusst, die Alten hatten auch uns zu Opfern gemacht. Die folgenden Generationen wurden mit Scham und Schande behaftet. Man wollte die Alten ehren, ihnen vertrauen, aber es war nahezu unmöglich geworden. Andere verdrängten und verharrten in der Lebenslüge ihrer Nächsten. Das zersetzende Gefühl der Unzugehörigkeit erschütterte das Urvertrauen vieler junger Menschen in ihre Gemeinschaft, in das Leben. Der machtvolle Umbruch überall in der Welt, der Kalte Krieg, die Unruhe der Jugend Europas, bei unseren Nachbarn in Deutschland erreichte das nach dem Besuch des Schah von

Persien und der Tötung eines Demonstranten 1968 in Berlin seinen Höhepunkt. Mit unbeschreiblicher Wut gingen Studenten auf die Barrikaden, gegen das „Establishment ohne Rückgrat". Die Alten wollten diesen fragwürdigen Rechtsstaat erhalten. Ihre Politik arbeitete mit den Knüppeln der Polizei. Die Jungen revoltierten. Sie wünschten eine Gesellschaft, die sich ihres Unrechts bewusst wird und dass sich das Leben der Menschen entscheidend andern musste. Dieser Staat war für sie unglaubwürdig und faschistisch. Ein anderer Teil der Jungen flüchtete aus der komplizierten modernen Industriegesellschaft ins Romantisch-Irrationale. Die Hippie-Bewegung, Blumenkinder kamen dabei heraus. Es war ihre Befreiung, und diese veränderten etwas in der Gesellschaft. Die Politik musste sich bewegen.

Friedrich Nietzsches Bemerkung über unsere deutschen Nachbarn: „(...) sie sind von Vorgestern und von Übermorgen, – sie haben noch kein Heute (...)."[7] Sind wir hier wie dort im Heute angekommen? Und wie sieht das aus?

Weiterhin sinnlose Zerstörung, mit sinnlos vielen Opfern. Tag für Tag kommen von überall her unfassbare Alpträume als Nachrichten in unsere noch geschützten vier Wände. Die kaum überbietbar schockierenden Bilder übertreffen das offensichtlich mangelnde Gewicht der Worte.

Schalom Asch lässt seinen Psalmenjuden Rabbi Reb Jechiel in seinem Buch „Der Trost des Volkes" am Ende seines aufgewühlten Lebens sagen: „(...) Was sind die Völker? Es gibt doch keinen Hauch, der nicht von Gott käme, also bilden auch sie einen Teil der Schöpfung. Warum

memorial, was being developed. I also realized there, however, that our parents and grandparents had also turned us into victims. The following generations bore the shame and infamy. We wanted to respect and trust the old people, but it was practically impossible. Others repressed the past and kept up the lie with their children. The corrosive feeling of not belonging shook the basic trust of many young people in their community and in life. The upheavals in the world, the Cold War, the unrest among the youth of Europe, which in the case of our neighbors in Germany, reached a highpoint after the visit of the Shah of Persia and the killing of a demonstrator in Berlin in 1968. Students went to the barricades with an indescribable rage, against a "spineless establishment." The old people wanted to preserve this state and its questionable rule of law, which rammed home its policies with police truncheons.

The young rebelled. They demanded a society that was aware of its injustices, and they demanded incisive changes in people's lives. For them this state had become fascist and lost its credibility. Other young people fled from the complexity of modern industrial society and sought refuge in an irrational romanticism. The result was the hippie movement and flower children. It liberated them and this changed something in society. Politicians had to do something.

Friedrich Nietzsche commented on our German neighbors: "They belong to the day before yesterday and day after tomorrow. They have no today."[7] Are the Germans and the Austrians living in the present at all? And what does it look like?

Further senseless destruction with a senseless number of victims. Every day reports of inconceivable nightmare scenarios penetrate into the sanctity of our homes. In their unparalleled horror, these shocking pictures are more impactful than mere words.

In his book *Der Trost des Volkes*, Sholom Asch has the Psalm Jew Reb Yechiel say towards the end of a turbulent life: "'What are these peoples? There is not a breath that didn't come from God, thus they also form part of the Creation. Why don't all peoples acknowledge Your name? Why can we not finally achieve what we beseech in the Rosh Hashanah prayer: May we all form a covenant to do Your will with all our heart.' [...] The eternal question about the fragmentation of mankind torments him. His simple understanding could not comprehend the duality of the divinity and man: on one hand the preordained fate of every single thing, on the other hand the ability of man to choose between good and evil."[8]

I met Rabbi Michoel Pressburger many years later. The meeting was reserved and yet familiar as at the beginning of our first

anerkennen nicht alle Völker Deinen Namen? Warum wird nicht endlich erfüllt, was wir im Neujahrsgebet erflehen: alle mögen einen Bund bilden, Deinen Willen zu tun mit ganzem Herzen. (…) Die ewige Frage nach der Zersplitterung der Menschheit folterte sein Herz. Sein einfacher Verstand konnte das Doppelspiel der Gottheit mit dem Menschen nicht begreifen: auf der einen Seite das Walten der Vorhersehung in jedem einzelnen Ding, auf der anderen der Vorzug des Menschen, zwischen Gut und Böse wählen zu können."[8]

Nach langen Jahren traf ich Rabbiner Michoel Pressburger wieder. Scheu und doch vertraut wie zu Anfang unserer ersten Begegnung war das Wiedersehen. Iraner waren nicht mehr zu sehen. Sie besucht er von Zeit zu Zeit in Amerika.

Zu den Bildern kamen leise Bemerkungen: „(…) der ist verstorben, der ein wunderbarer Arzt geworden (…)."

Zum Ende unseres Besuches erzählt er sanft eine humorvolle und doch bittere Geschichte seines Urgroßvaters, der Rabbiner in Mattersburg gewesen war.

Der alte Reb verlässt die Synagoge. Eine Horde Buben empfängt ihn mit dem Ruf: „Jude! Jude!" „Wer war das?" „Ich." Der Rabbiner gibt ihm einen Groschen. Am nächsten Tag steht das Grüppchen wieder da. Der alte Mann verlässt die Synagoge. Ein anderer Bub ruft: „Jude." „Wer war das?" „Ich." Der alte Mann gibt wieder einen Groschen. Tag um Tag, zwei Wochen lang. Die Buben werden mehr, kommen wieder und rufen: „Jude! Jude!" Der alte Reb: „Ich habe kein Geld mehr." „Dann sagen wir auch nicht mehr Jude", und laufen anderen Sinnes davon.

Ich wünsche, mich nie mehr so schämen zu müssen, dass wir uns Vorurteile verbieten und voller Anteilnahme fragen: Wer steht auf der anderen Seite?

Ich danke Danielle Spera, dass sie diese Bilder, die so lange in meinem Archiv lagen, nun in die Öffentlichkeit bringt.

1   Magris, Claudio: Wer steht auf der anderen Seite? Grenzbetrachtungen, Salzburg, Wien 1993, S. 124–125.
2   Magris, Claudio, Salzburg, Wien 1993, S. 125.
3   Roth, Joseph: Juden auf Wanderschaft, 3. Auflage, München 2010, S. 54.
4   Roth, Joseph, 3. Auflage, München 2010, S. 54.
5   Goldmann, Nahum: Das jüdische Paradox. Zionismus und Judentum nach Hitler, Köln, Frankfurt am Main 1983, S. 96.
6   Goldmann, Nahum, Köln, Frankfurt am Main 1983, S. 96.
7   Nietzsche, Friedrich: Jenseits von Gut und Böse. Vorspiel einer Philosophie der Zukunft, Ditzingen 2013, S. 159.
8   Asch, Schalom: Der Trost des Volkes, Zürich 1934, S. 436.

encounter. There were no more Iranians to be seen. He visits them from time to time in America.

Looking at the pictures, he said quietly to himself: "That one's dead. He was a wonderful doctor."

Towards the end of the visit he quietly related a humorous but bitter story about his great-grandfather, who had been the rabbi in Mattersburg.

The old rebbe left the synagogue. A crowd of children jeered at him: "Jew!" "Who was that?" asked the rabbi. "Me," said one of the kids. The rabbi gave him a groschen. The next day the group was there again. The old man left the synagogue. Another boy shouted: "Jew!" "Who was that?" "Me." The rabbi gave him a groschen. Every day for two weeks. The group got larger, and every day they came and jeered: "Jew! Jew!" Finally the old rebbe said, "I don't have any more money." "Then you're not a Jew anymore," replied the kids and ran off.

I hope that I will no longer have to be so ashamed, that we do not allow ourselves our prejudices and have to wonder anxiously: Who is on the other side?

I should like to thank Danielle Spera for showing these pictures, which have been gathering dust in my archive for so long.

1   Magris, Claudio, Wer steht auf der anderen Seite? Grenzbetrachtungen (Salzburg, Vienna 1993), pp. 124–125.
2   Magris, Claudio (Salzburg, Vienna 1993), p. 125.
3   Roth, Joseph, Juden auf Wanderschaft, 3rd ed. (Munich 2010), p. 54.
4   Roth, Joseph, 3rd ed. (Munich 2010), p. 54.
5   Goldmann, Nahum, Das jüdische Paradox: Zionismus und Judentum nach Hitler (Cologne, Frankfurt am Main 1983), p. 96.
6   Goldmann, Nahum (Cologne, Frankfurt am Main 1983), p. 96.
7   Nietzsche, Friedrich, Jenseits von Gut und Böse: Vorspiel einer Philosophie der Zukunft (Ditzingen 2013), p. 159.
8   Asch, Schalom, Der Trost des Volkes (Zurich 1934), p. 436.

In der Flucht
welch großer Empfang
unterwegs –
Eingehüllt
in der Winde Tuch
Füße im Gebet des Sandes
der niemals Amen sagen kann
denn er muß
von der Flosse in den Flügel
und weiter –
der kranke Schmetterling
weiß bald wieder vom Meer
Dieser Stein
mit der Inschrift der Fliege
hat sich mir in die Hand gegeben –
An Stelle von Heimat
halte ich die Verwandlungen der Welt –
(Nelly Sachs)

In der Flucht
welch großer Empfang
unterwegs –
Eingehüllt
in der Winde Tuch
Füße im Gebet des Sandes
der niemals Amen sagen kann
denn er muß
von der Flosse in den Flügel
und weiter –
Der kranke Schmetterling
weiß bald wieder vom Meer
Dieser Stein
mit der Inschrift der Fliege
hat sich mir in die Hand gegeben –
An Stelle von Heimat
halte ich die Verwandlungen der Welt –

(Nelly Sachs)

Fleeing,
what a great reception
on the way –
Wrapped
in the wind's shawl
feet in the prayer of sand
which can never say amen
compelled
from fin to wing
and further –
The sick butterfly
will soon learn again of the sea –
This stone
with the fly's inscription
gave itself into my hand –
I hold instead of a homeland
the metamorphoses of the world –

(Nelly Sachs)

Sachs, Nelly, *O the Chimneys: Selected Poems, Including the Verse Play, Eli,* translated by Hamburger, Michael, et al. (New York 1967), p. 145.

„In der Flucht", aus: Sachs, Nelly: Werke. Kommentierte Ausgabe in vier Bänden. Herausgegeben von Aris Fioretos, Band 2: Gedichte 1951-1970. Herausgegeben von Ariane Huml und Matthias Weichelt. © Suhrkamp Verlag Berlin 2010.

Rabbiner Schmuel Aharon (links) und sein Sohn Michoel Pressburger (rechts) Rabbi Schmuel Aharon (left) and his son Michoel Pressburger (right)

Erste Begegnungen (1991) First Encounters (1991)

Erste Begegnungen (1991) First Encounters (1991)

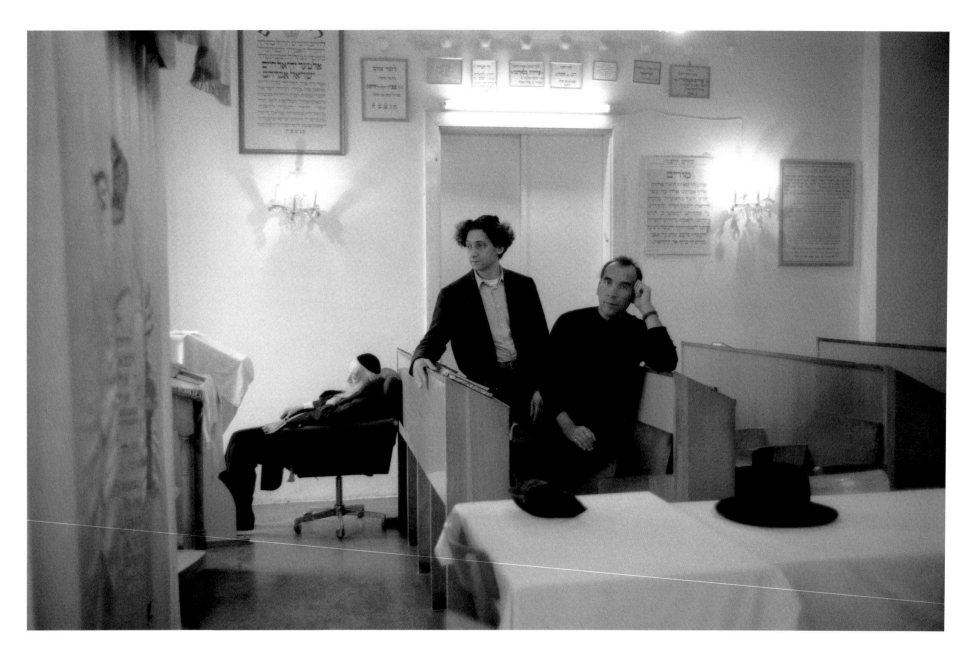

Albert Misak (links) und Edek Bartz (rechts), bekannt als das Musiker-Duo „Geduldig und Thimann", zu Gast beim Laubhüttenfest   Albert Misak (left) and Edek Bartz (right), known as the musical duo Geduldig und Thimann, at Sukkot

Erste Begegnungen (1991)   First Encounters (1991)

Albert Misak und Edek Bartz, bekannt als das Musiker-Duo „Geduldig und Thimann", zu Gast beim Laubhüttenfest   Albert Misak and Edek Bartz, known as the musical duo Geduldig und Thimann, at Sukkot

Erste Begegnungen (1991)   First Encounters (1991)

Erste Begegnungen (1991) First Encounters (1991)

Erste Begegnungen (1991) First Encounters (1991)

André Heller (links) zu Gast in der „Schiffschul"   André Heller (left) visiting the Schiffschul

Erste Begegnungen (1991)   First Encounters (1991)

André Heller (links) zu Gast in der „Schiffschul" André Heller (left) visiting the Schiffschul

Erste Begegnungen (1991) First Encounters (1991)

Schabbat (1991) Shabbat (1991)

Schabbat (1991) Shabbat (1991)

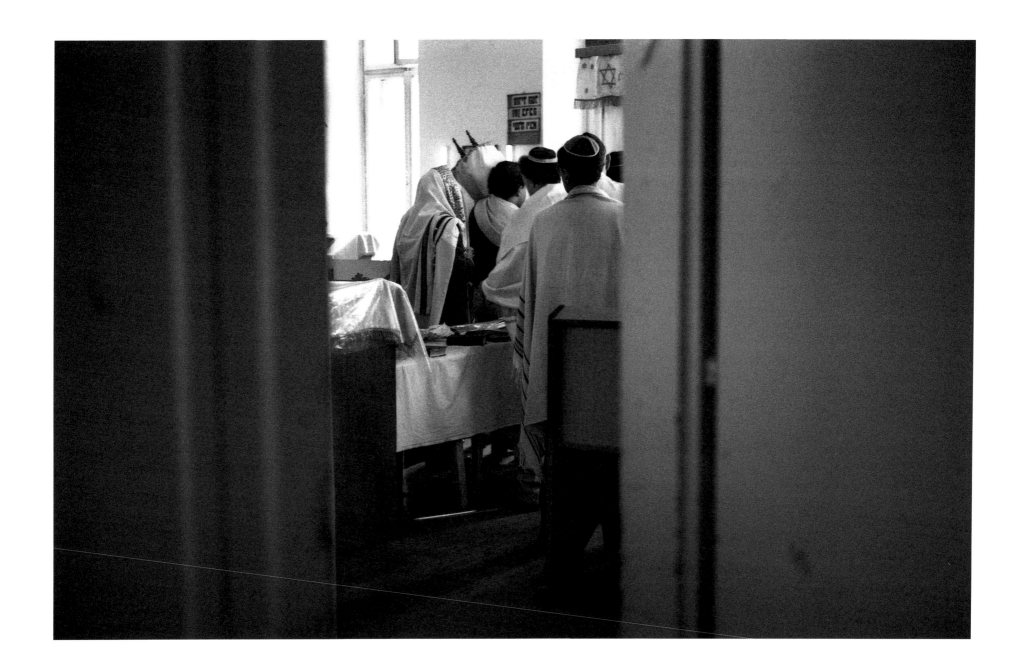

Schabbat (1991) Shabbat (1991)

Schabbat (1991) Shabbat (1991)

Purim (1992) Purim (1992)

Purim (1992) Purim (1992)

Purim (1992) Purim (1992)

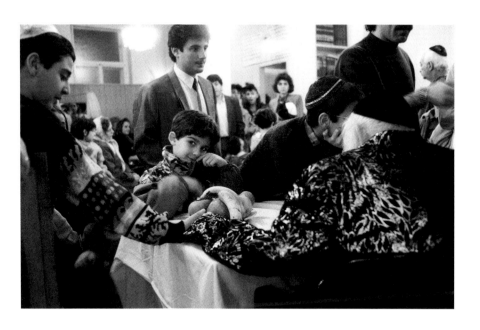

Purim (1992) Purim (1992)

Purim (1992)   Purim (1992)

Purim (1992) Purim (1992)

Purim (1992) Purim (1992)

Purim (1992) Purim (1992)

Purim (1992) Purim (1992)

Purim (1992) Purim (1992)

Purim (1992) Purim (1992)

Purim (1992) Purim (1992)

Purim (1992) Purim (1992)

Purim (1992) Purim (1992)

Purim (1992) Purim (1992)

Purim (1992) Purim (1992)

Purim (1992) Purim (1992)

Purim (1992) Purim (1992)

Purim (1992) Purim (1992)

Purim (1992) Purim (1992)

Purim (1992) Purim (1992)

Purim (1992) Purim (1992)

Purim (1992) Purim (1992)

Purim (1992) Purim (1992)

Purim (1992) Purim (1992)

Purim (1992) Purim (1992)

Purim (1992) Purim (1992)

Purim (1992) Purim (1992)

Purim (1992) Purim (1992)

Purim (1992) Purim (1992)

Purim (1992) Purim (1992)

Purim (1992) Purim (1992)

Purim (1992) Purim (1992)

Purim (1992) Purim (1992)

Purim (1992) Purim (1992)

Purim (1992) Purim (1992)

Pessach (1992) Pesach (1992)

Pessach (1992) Pesach (1992)

Pessach (1992) Pesach (1992)

Pessach (1992) Pesach (1992)

Pessach (1992)   Pesach (1992)

Pessach (1992) Pesach (1992)

Pessach (1992) Pesach (1992)

Pessach (1992) Pesach (1992)

Der Anwalt Dr. Hannes Pflaum (rechts) und der Journalist Christoph Hirschmann (hinten, rechts) zu Gast in der „Schiffschul" Attorney Dr. Hannes Pflaum (right) and journalist Christoph Hirschmann (back, right) visiting the Schiffschul

Pessach (1992) Pesach (1992)

Der Journalist Christoph Hirschmann (rechts) zu Gast in der „Schiffschul" Journalist Christoph Hirschmann (right) visiting the Schiffschul

Pessach (1992) Pesach (1992)

Pessach (1992) Pesach (1992)

Pessach (1992) Pesach (1992)

Pessach (1992) Pesach (1992)

Juni (1992) June (1992)

Juni (1992)   June (1992)

Juni (1992) June (1992)

Juni (1992) June (1992)

Juni (1992) June (1992)

Juni (1992) June (1992)

Juni (1992) June (1992)

Juni (1992) June (1992)

Juni (1992) June (1992)

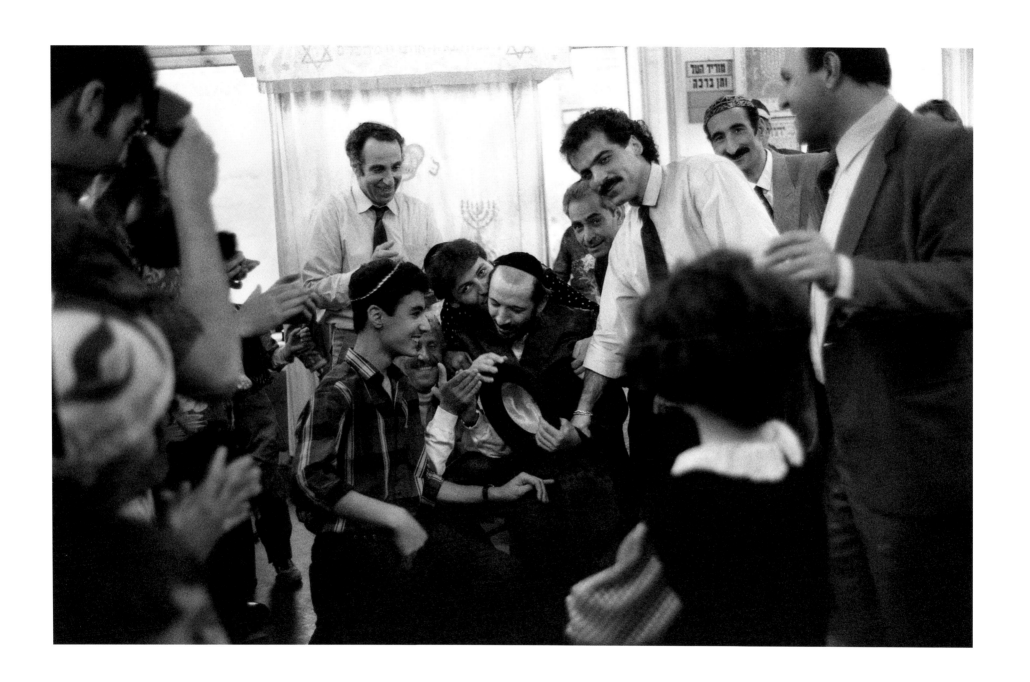

Juni (1992) June (1992)

Juni (1992) June (1992)

Juni (1992) June (1992)

Juni (1992) June (1992)

Juni (1992) June (1992)

Purim (1993) Purim (1993)

Purim (1993) Purim (1993)

Purim (1993) Purim (1993)

Purim (1993) Purim (1993)

Purim (1993) Purim (1993)

Der Präsident der Caritas Helmut Schüller (Mitte) zu Gast in der „Schiffschul" President of Caritas Helmut Schüller (center) visiting the Schiffschul

Purim (1993) Purim (1993)

Purim (1993) Purim (1993)

Purim (1993) Purim (1993)

Purim (1993) Purim (1993)

Purim (1993) Purim (1993)

Purim (1993) Purim (1993)

Du willst geliebt werden? Dann liebe!
(Baal Schem Tow)

Du willst geliebt werden? Dann liebe!
(Baal Schem Tow)

You want to be loved? Then love!
(Baal Shem Tov)

Biografie: Christine de Grancy

Christine de Grancy wurde 1942 in Brünn (Tschechien) geboren. In Graz erhielt sie an der Kunstgewerbeschule eine Ausbildung in Keramik und Gebrauchsgrafik. Seit 1963 lebt sie in Wien und arbeitete in Werbeagenturen als Grafikerin und Art Direktorin. 1965 begann sie sich der Fotografie zu widmen. 1971 lernte sie André Heller kennen, mit dem sie bis heute freundschaftlich verbunden ist. Ihre Reisen nach Griechenland, Japan, Portugal, Algerien, China, Tibet, Pakistan, Türkei, Georgien, Russland, Niger und Mali gaben Anstöße für ihre fotografischen Arbeiten, die sie in Journalen, Bildbänden und Ausstellungen veröffentlichte. Christine de Grancy wurde 1993 in dem französischen Journal „PHOTO" zu den 100 besten Fotografinnen der Welt gezählt. Sie arbeitet mit bekannten österreichischen Künstlern, Schriftstellern und Theaterleuten zusammen, unter ihnen André Heller, Barbara Frischmuth, Erika Pluhar, Achim Benning, Hans Gratzer, Paulus Manker, Gerhard Roth und viele andere.

Ihre Fotografien wurden in Galerien und Museen gezeigt, so in Hamburg, Wien, Frankreich (Perpignan), New York, Tokio, Beirut und Russland (Moskau, St. Petersburg, Nischnij Nowgorod). Für diese erhielt Christine de Grancy zahlreiche Auszeichnungen im In- und Ausland: 1998 die Nominierung für den Fujifilm Euro Press Award: Italian Edition „Il futuro corre sul Volga" (LA REPUBLICA), das Goldene Verdienstzeichen des Landes

Wien 2002 und die Goldene Gesellschaftsmedaille der Österreichischen Photographischen Gesellschaft 2006. Zu ihren bekanntesten Veröffentlichungen und Ausstellungen zählen „Chinesen" (1986), „Lebenszeichen" (1987), „Die Sahraouis – Söhne und Töchter der Wolken – von der stillen Revolution der Polisario" (1987–1993), „Erlebnis sanfte Geburt" (1994), „Hallodris und Heilige, Engel und Lemuren – Figuren auf den Dächern Wiens" (1981–1994), „Magic Moments – 40 Jahre Leica M" (1994), „Wolgawelten" (1999–2002), „Die Tuareg – Frauenbilder aus der Sahara" (2000), „Tausend und eine Spur" (2008).

In seiner Rede anlässlich der Ausstellungseröffnung „An Ort und Stelle – Pakistan von 1987 bis 1989" in der Westlicht-Leica-Galerie in Wien (2002) beschrieb der bekannte österreichische Chansonnier, Aktionskünstler, Kulturmanager, Autor, Dichter und Schauspieler André Heller seine langjährige Freundin wie folgt:

„Meine Phantasie zeigt mir die Herrin eines kleinen Gutshofes. Eine Dame mit einem Grundcharakter, der von Zähigkeit, Fleiß und Treue geprägt ist. Mit einem guten melancholischen Gesicht, das man nicht leicht vergisst. Aus verarmtem Adel stammt sie und bestellt zu allen Jahreszeiten den Boden mit eigenen Händen. Bei den Leuten heißt sie respektvoll die ‚Augnerin', und die Früchte ihrer Felder sind Genauigkeit und eine kostbare Art des Schauens. Diese Ernte

Biography: Christine de Grancy

Christine de Grancy was born in Brno (Czech Republic) in 1942. She studied ceramics and commercial art at the School of Applied Arts in Graz. She moved to Vienna in 1963 and worked as a graphic artist and art director in advertising agencies. In 1965 she began to turn her attention to photography. In 1971 she met André Heller, who has remained a close friend. Her travels to Greece, Japan, Portugal, Algeria, China, Tibet, Pakistan, Turkey, Georgia, Russia, Niger, and Mali provided inspiration for her photographic work, which has been published in illustrated books and exhibitions. She was listed in 1993 by the French magazine *PHOTO* among the 100 best photographers in the world. She has worked with renowned Austrian artists, writers, and theater people, including André Heller, Barbara Frischmuth, Erika Pluhar, Achim Benning, Hans Gratzer, Paulus Manker, and Gerhard Roth.

Her photographs have been shown in galleries and museums in Hamburg, Vienna, France (Perpignan), New York, Tokyo, Beirut, and Russia (Moscow, St. Petersburg, Nizhni Novgorod), and she has received numerous awards in Austria and other countries: 1998 nomination for the Fujifilm Euro Press Award: Italian Edition "Il futuro corre sul Volga" (*La Repubblica*), Gold Medal of Merit of the Province of Vienna in 2002, and Gold Medal of the Austrian Photography Society in 2006. Among her most well-known publications and exhibitions are *Chinesen* (1986), *Lebenszeichen* (1987), *Die Sahraouis – Söhne und Töchter der Wolken – von der stillen Revolution der Polisario* (1987–93), *Erlebnis sanfte Geburt* (1994), *Hallodris und Heilige, Engel und Lemuren – Figuren auf den Dächern Wiens* (1981–94), *Magic Moments – 40 Jahre Leica M* (1994), *Wolgawelten* (1999–2002), *Die Tuareg – Frauenbilder aus der Sahara* (2000), and *Tausend und eine Spur* (2008).

In a speech at the opening of the exhibition "An Ort und Stelle – Pakistan von 1987 bis 1989" at the Westlicht-Leica-Galerie in Vienna (2002) the Austrian singer songwriter, actionist, culture manager, poet, and actor André Heller described his long-time friend as follows:

"In my mind's eye I see the mistress of a small farm. A lady with a solid character, notable for her toughness, hard work, and loyalty. With a good melancholy face that is not easy to forget. She comes from a poor background and works the fields in all seasons with her own hands. People respectfully call her "the eye," and the fruits of her labor are precision and a delightful way of

Christine de Grancy bei Retusche-
arbeiten in ihrem Atelier
Wien, 2014
Christine de Grancy in her studio
Vienna, 2014
© Gabriela Brandenstein

verwandelt sie seit 30 Jahren zu Lichtbildern, die von den Einfühlsamen in Stadt und Land Bewunderung erfahren, weil eine Kraft und Schönheit darin wohnt, die den Betrachter für gewöhnlich fähiger werden lässt. Die ‚Augnerin' lebt abseits aller Moden, das hat sie wesentlich werden lassen. Sie wäre vielleicht mit ihrer Arbeit um einiges früher in die Museen und in die Aufmerksamkeit der Kunstrichter und Kunstberichter gelangt, wenn sie 3333 Tage hintereinander den immer selben schreigelben Geparden aus Terracotta vor wechselnden Standesämtern oder Fleischhauereien fotografiert hätte, aber sie interessiert sich für die Befindlichkeit der Flüsse und die leuchtenden Spuren der Karawanen, für die Konkursverfahren der Liebe oder die Spiele der Kinder und Greise. Sie hat ein umfassendes Weltbild und gibt dem Ausdruck in umfassenden Bildern der Welt. Man muss sie auch eine politische Künstlerin nennen, eine Chronistin der Wunden und Zurückweisungen, eine Reporterin der verlorenen Unschuld und der all zu vielen aus der Gnade gefallenen. Ihr eigenes Lieblingsspiel war und bleibt: ‚Ich seh, ich seh, was du nicht siehst.' Sie spielt es mit heiligem Ernst. Deshalb nennt man sie die ‚Augnerin', denn ihre Wahrnehmungsfähigkeit ist ein Glücksfall, für den wir zu danken haben."

seeing. She has been transforming this harvest for thirty years into photographs admired by sensitive souls in the city and country alike, because they have a power and beauty that gives the observer a greater insight. The "eye" is untouched by fashions, which she leaves alone. She and her works might have been seen in museums and attracted the attention of art critics earlier on if she had photographed the same bright yellow terracotta cheetah for 3,333 days in front of different registry offices or butchers' shops. But she was more interested in the nature of rivers and the luminescent tracks of caravans, the bankruptcy of love, or the games of children and old people. She has an all-embracing world view and expresses it in her all-embracing views of the world. She is also a political artist, a chronicler of wounds and rejection, a reporter of lost innocence and the many people who have fallen from grace. Her own favorite game has always been "I spy with my little eye," which she plays in deadly earnest. She is called "the eye" because her perception is a gift that we can all be grateful for."

Bibliografie

Adunka, Evelyn: Die vierte Gemeinde. Die Geschichte der Wiener Juden von 1945 bis heute, Berlin, Wien 2000.

Alon, Shlomo: Dhimma, Dhimmi, in: Berenbaum, Michael, Skolnik, Fred (Hrsg.): Encyclopaedia Judaica, 2nd ed., Vol. 5, Detroit 2007, S. 631–632.

Asch, Schalom: Der Trost des Volkes, Zürich 1934.

Burstyn, Ruth: Die „Schiffschul" – Geschichte, Hintergründe, in: Albrecht-Weinberger, Karl, Heimann-Jelinek, Felicitas: Heilige Gemeinde Wien. Judentum in Wien. Die Sammlung Max Berger, Katalog zur gleichnamigen Ausstellung des Historischen Museums der Stadt Wien, Wien 1987, S. 48.

Ebrami, Hooshang (Hrsg.), Levy, Habib: Comprehensive History of the Jews of Iran. The Outset of the Diaspora, California 1999.

Goldmann, Nahum: Das jüdische Paradox. Zionismus und Judentum nach Hitler, Köln, Frankfurt am Main 1983.

Magris, Claudio: Wer steht auf der anderen Seite? Grenzbetrachtungen, Salzburg, Wien 1993.

Martens, Bob, Peter, Herbert: Die zerstörten Synagogen Wiens. Virtuelle Stadtspaziergänge, Wien 2009.

Netzer, Ammon, Shiloah, Ammon: Iran, in: Berenbaum, Michael, Skolnik, Fred (Hrsg.): Encyclopaedia Judaica, 2nd ed., Vol. 10, Detroit 2007, S. 10.

Nietzsche, Friedrich: Jenseits von Gut und Böse. Vorspiel einer Philosophie der Zukunft, Ditzingen 2013.

Roth, Joseph: Juden auf Wanderschaft, 3. Auflage, München 2010.

Sachs, Nelly: Werke. Kommentierte Ausgabe in vier Bänden. Herausgegeben von Aris Fioretos, Band 2: Gedichte 1951–1970. Herausgegeben von Ariane Huml und Matthias Weichelt, Berlin 2010.

Sarshar, Houman: Esther´s Children. A Portrait of Iranian Jews, Philadelphia 2002.

Yeroushalmi, David: Light and Shadows. The Story of Iranian Jews, Tel Aviv 2012.

Zeitschriften:
David. Jüdische Kulturzeitschrift, Ausgabe 57, Juni 2003.

David. Jüdische Kulturzeitschrift, Ausgabe 2, 1989.

Die Gemeinde. Offizielles Organ der Israelitischen Kultusgemeinde Wien, September 1993.

Internetquellen:
http://www.nzz.ch/aktuell/startseite/articled295o-1.166334 (Zugriff am 30.12.2014, 11:05 Uhr)

http://www.ijrescue.com/About-Us.htm (Zugriff am 11.01.2015, 11:25 Uhr)

http://www.jewishjournal.com/articles/item/a_survivors_pesach_20030411 (Zugriff am 11.01.2015, 11:26 Uhr)

Bibliography

Adunka, Evelyn, Die vierte Gemeinde: Die Geschichte der Wiener Juden von 1945 bis heute (Berlin, Vienna 2000).

Alon, Shlomo, "Dhimma, Dhimmi," in: Berenbaum, Michael, Skolnik, Fred (eds.), Encyclopaedia Judaica, 2nd ed., vol. 5 (Detroit 2007), pp. 631–32.

Asch, Schalom, Der Trost des Volkes (Zurich 1934).

Burstyn, Ruth, "Die 'Schiffschul' – Geschichte, Hintergründe," in: Albrecht-Weinberger, Karl, Heimann-Jelinek, Felicitas, Heilige Gemeinde Wien: Judentum in Wien – Die Sammlung Max Berger, exh. cat. (Vienna 1987), p. 48.

Ebrami, Hooshang (ed.), Levy, Habib, Comprehensive History of the Jews of Iran: The Outset of the Diaspora (California 1999).

Goldmann, Nahum, Das jüdische Paradox: Zionismus und Judentum nach Hitler (Cologne, Frankfurt am Main 1983).

Magris, Claudio, Wer steht auf der anderen Seite? Grenzbetrachtungen (Salzburg, Vienna 1993).

Martens, Bob, Peter, Herbert, Die zerstörten Synagogen Wiens: Virtuelle Stadtspaziergänge (Vienna 2009).

Netzer, Ammon, Shiloah, Ammon, "Iran," in: Berenbaum, Michael, Skolnik, Fred (eds.), Encyclopaedia Judaica, 2nd ed., vol. 10 (Detroit 2007), p. 10.

Nietzsche, Friedrich, Jenseits von Gut und Böse: Vorspiel einer Philosophie der Zukunft (Ditzingen 2013).

Roth, Joseph, Juden auf Wanderschaft, 3rd ed. (Munich 2010).

Sachs, Nelly, O the Chimneys: Selected Poems, Including the Verse Play, Eli, translated by Hamburger, Michael, et al. (New York 1967)

Sarshar, Houman, Esther's Children: A Portrait of Iranian Jews (Philadelphia 2002).

Yeroushalmi, David, Light and Shadows: The Story of Iranian Jews (Tel Aviv 2012).

Magazines:
David: Jüdische Kulturzeitschrift, no. 57, June 2003.

David: Jüdische Kulturzeitschrift, no. 2, 1989.

Die Gemeinde: Offizielles Organ der Israelitischen Kultusgemeinde Wien, September 1993.

Internet sources:
http://www.nzz.ch/aktuell/startseite/articled295o-1.166334 (consulted on December 30, 2014, 11:05)

http://www.ijrescue.com/About-Us.htm (consulted on January 11, 2015, 11:25)

http://www.jewishjournal.com/articles/item/a_survivors_pesach_20030411 (consulted on January 11, 2015, 11:26)

Autorinnen und Autoren

Dan Fischman: Studium der Judaistik an der Universität Wien. Seit 2005 als Kulturvermittler und Kurator im Jüdischen Museum Wien tätig. Forschungsschwerpunkte: Antisemitismus, Zionismus, Kultgegenstände/Judaica.

Christine de Grancy: 1942 in Brünn (Tschechien) geboren. Ausbildung zur Keramikerin und Grafikerin an der Kunstgewerbeschule in Graz. Lebt seit 1963 in Wien und arbeitete über Jahre als Grafikerin und Art-Direktorin in Werbeagenturen. Seit 1965 als Fotografin tätig. Ihre Reisen nach Griechenland, Japan, Portugal, Algerien, China, Tibet, Pakistan, Türkei, Georgien, Russland, Niger und Mali gaben Anstöße für ihre fotografischen Arbeiten, die sie in Journalen, Bildbänden und Ausstellungen veröffentlichte. Ihre Fotografien wurden in Galerien und Museen gezeigt, so in Hamburg, Wien, Frankreich (Perpignan), New York, Tokio, Beirut und Russland (Moskau, St. Petersburg, Nischnij Nowgorod). Für diese erhielt Christine de Grancy zahlreiche Auszeichnungen im In- und Ausland.

Danielle Spera: Studium der Publizistik und Politikwissenschaft, 1978 bis 2010 Journalistin, Reporterin, Moderatorin und Redakteursrätin im ORF, 1987/88 ORF-Korrespondentin in Washington. Seit 2010 Direktorin des Jüdischen Museums Wien. Seit 2014 Universitätsrätin an der MUI, Präsidentin von ICOM-Österreich, 1991 und 2007 Romy-Preisträgerin, 1990–2002 Lektorin am Institut für Publizistik der Universität Wien, Autorin zahlreicher Bücher und Beiträge zur zeitgenössischen Kunst, zu jüdischen Themen und bei der Zeitschrift NU.

Marlene Streeruwitz: Geboren in Baden bei Wien (Niederösterreich). Studium der Slawistik und Kunstgeschichte. Freie Texterin und Journalistin. Freiberufliche Autorin und Regisseurin. Literarische Veröffentlichungen ab 1986. Lebt in Wien, Berlin, London und New York.

Authors

Dan Fischman: degree in Jewish Studies at the University of Vienna; since 2005 educator and curator at the Jewish Museum Vienna; research focuses: anti-Semitism, Zionism, ritual objects/Judaica.

Christine de Grancy: born in Brno (Czech Republic) in 1942; studied ceramics and commercial art at the School of Applied Arts in Graz; moved to Vienna in 1963 and worked in advertising agencies as a graphic artist and art director; took up photography in 1965. Her travels to Greece, Japan, Portugal, Algeria, China, Tibet, Pakistan, Turkey, Georgia, Russia, Niger, and Mali have provided inspiration for her photographic work, which she has published in illustrated books and exhibitions. Her photographs have been shown in galleries and museums in Hamburg, Vienna, France (Perpignan), New York, Tokyo, Beirut, and Russia (Moscow, St. Petersburg, Nizhni Novgorod). She has received numerous awards in Austria and other countries.

Danielle Spera: degree in journalism and political science; 1978–2010 journalist, reporter, presenter, and editorial adviser in ORF, 1987/88 ORF correspondent in Washington; since 2010 director of the Jewish Museum Vienna, since 2014 university councilor at the MUI, president of ICOM Austria, 1991 and 2007 Romy prize winner, 1990–2002 lecturer at the University of Vienna Department of Journalism, author of numerous books and articles on contemporary art, Jewish topics, and for the magazine NU.

Marlene Streeruwitz: born in Baden (Lower Austria); degree in Slavic studies and art history; freelance writer, journalist, and director; literary publications since 1986; lives in Vienna, Berlin, London, and New York.

Bildnachweis / Picture and photo credits

BUNDESKANZLERAMT ÖSTERREICH

KULTUR

In Partnerschaft mit/In cooperation with: